내가 하고 싶은 일, 변호사

양지열 글 | 송진욱 그림

휴먼어린이

차례

여는 글 **변호사 삼촌을 만나러 가다** 9

1 3년차 변호사의 일상

일주일에 80시간 근무? 16
변호사가 등장하는 무대, 사건과 수사와 재판 18
억울한 이들의 대변인 20
의뢰인과의 상담 과정 23
혼자서 따로 혹은 여럿이 함께 24
변호사가 맡는 사건의 수 26
서류에 파묻히기 27
수사 과정에서 쌓이는 서류 29
재판 과정에서 쌓이는 서류 30

질문 더하기 돈 많이 버는 삼촌? 32

2 변호사는 왜 필요할까?

법은 약속 38
법이 종교나 도덕과 다른 점 39
단 한 명의 억울한 사람도 없도록 42
무죄추정의 원칙 43
미란다 원칙 45
판사는 심판 48
변론주의 50
악마의 변호사 51
법에도 눈물은 있다 52

나도 변호사 54
질문 더하기 증거의 힘 56

3 법정의 지배자, 삼촌

법정의 모습 65
법정에서는 대등한 자격 67
드라마와는 다른 재판 68
재판 진행 절차 69
증거조사 74
증인신문 76
재판은 세 번의 기회 79
오거리 사건 재판 80

나도 변호사 84
질문 더하기 열린 재판 86

4 여러 가지 재판의 종류

오거리 사건의 증인신문 94
무기대등의 원칙 96
다양한 법률의 종류 99
민사와 형사 101
민사에 관한 법 102
민사재판 105
그 밖의 다양한 재판들 108

질문 더하기 어린이들과 법 110

5 변호사가 하는 여러 가지 일

전문 영역을 다루는 변호사 116
피해자를 돕는 변호사 120
기업별로 다른 일을 하는 사내 변호사 121
사내 변호사의 재판 124
국회의 변호사 126
공공기관의 변호사 127
변호사의 다양한 역할 129

질문 더하기 판사와 검사가 하는 일 132

6 로스쿨과 변호사 시험

로스쿨 교수님과의 인터뷰 138
로스쿨에 들어가려면? 139
로스쿨 생활 147
변호사 시험 준비하기 152

나도 변호사 156
질문 더하기 변호사 선서 158

7 변호사처럼 읽고 쓰기

결론과 이유, 근거 찾기 166
자로 잰 듯 정확하게 표현하기 172
이정표 세우며 글 읽기 175
가랑비에 옷 젖듯이 반복하기 179
성취감이 중요해 181

질문 더하기 법률은 자신의 권리 184

닫는 글 **우리는 모두 똑같은 사람들** 191

여는 글

변호사 삼촌을 만나러 가다

안녕, 애들아. 나는 시연이야. 6학년이니까 내가 언니, 누나인 거 알지? 여기 모인 너희 모두 우리 삼촌이 하는 일, 변호사에 대해 알고 싶은 친구들이란 말이지? 근데 이렇게나 많이 올지는 몰랐어. 나야 뭐 맨날 보는 얼굴이라 특별히 삼촌이 하는 일에 대해 생각해 본 적이 없거든.

사실 너희가 실망할까 봐 솔직히 걱정이다. 삼촌은, 그러니까 한마디로 지질하거든. 어차피 조금 있다 볼 텐데 괜히 쓸데없는 상상 하지 말라는 거야. 텔레비전이 문제야. 거기 나오는 변호사들은 하나같이 잘생긴 데다 멋진 양복을 빼 입었잖아. 고급 스포츠카에 예쁜 여자 친구를 태우고 다니기도 하고 말이야.

우리 삼촌과는 전혀, 아무런 상관이 없어. 하긴 삼촌도 얼마 전에 제법 좋아 보이는 차를 샀다고 하는데, 그냥 시커멓기만 하더라. 삼촌이 맨날 입고 다니는 회색 양복들처럼 말이야. 양복이 여러 벌 있지만 내 눈엔 다 똑같아 보여. 하얀 와이셔츠만 늘 입는 데다 넥타이도 칙칙한 색깔만 매지. 변호사들의 드레스 코드라나 뭐라나. 암튼 지루해. 이발할 때를 놓쳐서 머리는 맨날 부스스하고. 그러니 아직 여자 친구 하나 못 사귀었지.

일단 외모는 그렇고, 삼촌에 대해 뭘 미리 알고 가야 할까? 어디 보자. 나이는 올해 우리 나이로 서른둘. 엄마 얘기로는 학교 다닐 때 딱히 눈에 띄는 학생은 아니었다고 하더라. 특별한 게 있다면, 책을 참 많이 읽는 편이었다고는 해. 전공은 국어국문학이었는데 원래는 방송국 프로듀서나 영화감독이 되고 싶어 했어.

그런데 엉뚱하게 로스쿨, 그러니까 법학전문대학원에 들어가더라고. 드라마, 영화보다 현실이 훨씬 더 흥미진진하다나 어쨌다나. 변호사를 하면서 겪은 일로 나중에 소설 같은 걸 써 보고 싶다고도 하더라. 암튼 법학전문대학원 3년 과정을 마치고 변호사 시험에 합격했고, 지금 다니는 로펌에 취직을 한 거야.

이런 걸 다 어떻게 아냐고? 삼촌이 로펌에 취직하면서부터 내가 5학년이 될 때까지 우리 집에서 살았거든. 회사가 가까워서 다니기 편하다며 들어왔지. 삼촌이 로스쿨에 들어가니까 엄마는 자기 일인 것처럼 좋아하더라. 집안에 법조인이 생겼다면서 말이야.

은근히, 아니 대놓고 나보고 들으라는 거지. 그런데 솔직히 뭐가 좀 좋아 보여야 삼촌이 부럽고, 나도 변호사를 해 볼까 하는 생각이 들 텐데 전혀 그렇지가 않아. 외모야 타고난 거니까 탓할 수 없다고 쳐도, 삼촌이 하고 다니는 꼴을 보면 변호사라는 직업이 뭐가 좋다는 건지 알 수가 없어.

거의 3년을 우리 집에 살았는데 제대로 얼굴을 본 게 몇 번이나 되는지 모르겠어. 늘 이른 새벽에 나가서 밤늦게 들어오니 만날 시간이 없었지. 옆집에서 도둑으로 신고 안 한 게 신기하다니까. 어쩌다 주말에 쉴 때는 침대에 파묻혀 잠만 잤어.

언젠가 한번은 거실에서 마주쳤는데 글쎄 "오랜만이다, 시연아. 근데 너 언제 그렇게 키가 컸어?"라고 하더라니까. 말이 되니? 한집에 같이 살았는데? 삼촌 머릿속에는 로펌에 들어가기 전 3~4학년 때의 내 모습만 남아 있었던 거야.

삼촌은 얼마 전 따로 집을 얻어서 나갔어. 독립할 때도 되었고 슬슬 결혼 준비도 해야 한다면서 말이야. 웃겨, 아주. 여자 친구도 없으면서 결혼이라니. 엄마만 더 귀찮아졌다니까. 막냇동생이라고 얼마나 끔찍이 챙기는지.

같이 살 땐 그래도 빨래만 더 해 주는 정도였는데, 독립하고 나선 반찬까지 만들어 나르느라 바쁘다니까. 그래 봐야 삼촌이 제대로 먹지도 않는데 말이야. 나도 엄마 따라서 삼촌 집에 자주 가는데, 엄마가 해 준 음식이 손 댄 흔적도 없이 냉장고에 그대로일 때가 대부분이야. 쓰레기통엔 인스턴트 음식 포장지만 들어차 있지. 조카한테 아주 모범적인 생활 태도를 보여 주는 훌륭한 삼촌이지. 음, 갈 때마다 용돈을 두둑이 주니까 이렇게 말해 줘야지.

삼촌 생활은 대충 이런데 삼촌이 무슨 일을 하는지는 막상 제대로 생각해 본 적이 없어. 삼촌은 주말에도 집에 일거리를 잔뜩 가지고 왔거든. 한 뼘도 넘는 두툼한 서류 뭉치가 들어 있는 커다란 노란 봉투를 가방 가득히 넣어서 말이야.

거실에 펼쳐져 있는 서류를 몇 번인가 훔쳐본 적이 있는데 뭔지 도통 알 수가 없더라고. 넘겨 보기라도 할라치면 삼촌이 무슨 큰일이라도 날 것처럼 손사래를 치면서 쫓아냈어. 변호사에게는 의뢰인의 비밀을 지켜야 할 의무가 있다나 뭐라나. 말이 그렇지, 사실은 내가 망가뜨리기라도 할까 봐 걱정하는 거겠지. 조카가 6학년이나 됐는데 말이야.

아무튼 이참에 나도 삼촌이 하는 일에 대해 알아볼 수 있으니 잘 됐어. 아까 엄마가 전화해서 깨워 놨으니까 지금쯤 세수는 했을 거야. 머리까지 감았을지는 장담할 수 없으니까 각오들 하고. 학교 맞은편에 새로 생긴 아파트 있지? 거기로 가는 거야. 다 같이 쳐들어가 보자.

3년차 변호사의 일상

와! 정말 많이들 왔구나. 어서 들어오렴. 시연이가 무슨 얘기를 했는지 대충 짐작은 가는데, 혼자 사는 아저씨치곤 생각보다 집 안이 깨끗하지 않니? 집에 있는 시간이 거의 없으니 어지를 일이 없어서 그래. 소파랑 바닥에 편한 대로들 앉아. 먼지는 조금 있을지 모르겠다. 시연이는 그새 키가 더 컸네. 뭐? 지난주 일요일에도 엄마랑 왔었다고? 어쩐지 집이 깨끗하더라, 하하하. 내가 요즘 너무 바빠서 정신이 없다니까. 자, 그건 그렇고 무슨 얘기부터 해 줘야 할까? 그래, 뭐가 그렇게 바쁜지부터 시작하자.

일주일에 80시간 근무?

아참, 그 전에 한 가지 말해 두자면, 결혼도 안 했는데 아저씨로 불리기는 억울하니까 삼촌이라고 해 줘. 불만 없지? 너희가 온다는 얘길 듣고 대충 씻으면서 생각해 보니 이 삼촌이 지난 한 주 동안 일한 시간이 80시간이 넘더라. 5일 동안 80시간이면 하루 평균 16시간 일했다는 거야.

그나마도 밥 먹고 쉬는 시간은 빼고 계산한 거야. 어제도 사무실에 나가기는 했지만 공식적으로는 휴일이었으니까 어제 일한 시간

은 안 더했는데도 그래. 집에서 보통 아침 7시 정도에 나가고 회사에서 밤 12시 이전에 퇴근한 날이 없었어. 집에서는 잠만 자고 회사에서 살다시피 한 거지.

물론 모든 변호사가 다 이렇게 바쁜 건 아니고, 평생 이렇게 바쁜 것도 아니니까 너무 겁먹을 필요는 없어. 훗, 자랑 좀 해도 될까? 삼촌은 우리나라에서 다섯 손가락 안에 꼽히는 대규모 로펌에 다녀. 우리 회사처럼 큰 로펌에 다니는 변호사들, 그중에서도 특히 경력이 5년차 정도 될 때까지의 변호사들이 가장 바쁘단다.

로스쿨, 그러니까 법학전문대학원을 나와서 변호사 시험에 합격하고 변호사가 되기는 했지만, 이론만 안다고 변호사라고 할 수 있는 게 아니야. 일하면서 배워야 할 게 많거든. 다음 달이면 내가 변호사로 일한 지 딱 3년째야. 이제 어느 정도 감을 잡아 가는 중이라고 해야겠지.

변호사가 등장하는 무대, 사건과 수사와 재판

내가 왜 그렇게 바쁜지 알려면 무슨 일을 하는지부터 말해 줘야겠구나. 삼촌은 주로 형사재판을 하는 팀에서 일하고 있어. 형사재판은 남의 물건을 훔쳤을 때, 다른 사람과 싸워 다치게 만들었을 때, 거짓말로 다른 사람들에게 피해를 끼쳤을 때처럼 누군가가 어떤 죄를 지었을 때 거기에 맞는 벌을 받게 하는 절차야.

순서대로 보자꾸나. 누군가의 집에서 귀중품이 몽땅 없어졌어. 도둑이 든 거지. 신고를 받은 경찰이 출동해서 현장부터 수사를 시작하겠지. 혹시 수상한 사람을 보지 않았는지 이웃집에 물어보고, 주변 CCTV 같은 것도 살펴보고 말이야.

그렇게 해서 범인이라고 생각하는 사람을 붙잡았다고 치자. 그럼 그 사람을 경찰서로 데리고 가서 범인이 맞는지 이것저것 물어

도둑이 벌을 받는 과정

봐. 범죄 드라마 같은 걸 보면 경찰 아저씨가 수상해 보이는 사람을 앞혀 놓고 컴퓨터 키보드를 치면서 "이름이 뭐냐?", "하는 일은 뭐냐?", "지난밤에 어디 있었느냐?"라고 묻는 장면이 종종 나오잖아.

수사를 마친 경찰은 검사에게 결과를 보고해. 검사가 보기에도 범인이 맞다면 그 사람에게 벌을 주기 위해 법원에 재판을 열어 달라고 하는 거야. 재판을 열기로 하면 그때부터는 '범인'이 아니라 '피고인'이라고 부른단다.

재판에서 판사는 검사가 하는 얘기와 피고인이 하는 얘기를 골고루 들어 본 다음, 죄를 짓지 않았다고 판단하면 무죄를 선고하고, 죄를 지었다고 여겨지면 거기에 맞는 벌을 내려. 검사와 피고인이 판사의 판결을 받아들이면 거기서 끝나지.

하지만 어느 한쪽이라도 불만을 가지면 재판을 다시 열어 달라고 할 수 있어. 첫 번째는 지방법원, 두 번째는 고등법원, 그 다음은 대법원 순으로 세 번까지 재판을 받을 수 있단다. 혹시라도 억울하게 벌을 받는 사람이 생기면 안 되니까 조심에 조심을 하도록 한 거야.

억울한 이들의 대변인

여기서 질문! 변호사는 저 과정 중에서 언제부터 일을 할 수 있는 걸까? 알면 나한테 오지 않았겠지? 크크크.

 답은 처음부터 끝까지야. 대한민국에서 가장 중요한 원칙을 정한 법이 헌법이라는 건 알지? 그 헌법에는 "누구든지 체포 또는 구속을 당한 때는 즉시 변호인의 조력을 받을 권리를 가진다.(제12조 제4항)"라고 하고 있어.

 경찰이 누군가를 범인이라고 여겨서 붙잡는 것을 '체포'라고 하거든. '구속'은 그렇게 붙잡은 사람을 도망가지 못하게 구치소에 가둬 놓는 일이고. 바로 그때부터 변호사의 도움을 받을 수 있도록 하고 있는 거야.

 경찰, 검사, 판사는 법을 잘 알고 날마다 법을 다루는 일을 하잖아. 하지만 수사나 재판을 받는 국민들은 그만큼 법에 대해 알기 어려워. 그러니까 혹시라도 법을 몰라서 억울한 일을 당하지 않도록 변호사에게 도와주도록 한 거야.

 그럼 수사가 진행되고 재판을 하는 동안 변호사는 어떻게 일하는지 조금 더 자세하게 알아볼까?

 너희는 혹시 억울한 일을 당한 적 없니? 동생이 방을 잔뜩 어질러 놓고 갔는데 엄마가 들어오셔서 다짜고짜 너희를 나무라거나, 다른 친구가 내 자리로 와서 실컷 떠들었는데 나중에 교실에 들어온 선생님이 너를 꾸짖거나 하는 일 말이야.

 그런 순간이 되면 진짜 억울한데도 어디서부터 어떻게 설명해야

할지 몰라 머리가 멍해지기만 하지?

 죄를 짓지도 않았는데 범인으로 몰려도 딱 그런 기분이 들 거야. 물론 경찰관들도 엉뚱한 사람을 범인으로 몰지 않기 위해 최선을 다하겠지만, 사람은 누구나 실수를 하기 마련이니 종종 그런 일이 벌어지기도 하지.

 처음에 범인으로 오해를 받고 경찰, 검찰, 법원을 거치는 내내 그 오해를 풀지 못하면 꼼짝없이 죄를 뒤집어쓸 수도 있는 거야. 바로 그런 일을 겪고 있는 사람들이 변호사를 찾아온단다.

의뢰인과의 상담 과정

변호사는 먼저 이런 사람들에게 정말로 억울한 사정이 있는지 상담을 한단다. 얘기를 잘 들어 보고 도움을 줄 수 있을 것 같으면 사건을 맡기로 하지. 그렇게 사건을 맡긴 사람을 '의뢰인'이라고 부르고, 의뢰인의 변호사로 일을 맡는 것을 '수임'한다고 말해.

변호사가 의뢰인을 어떻게 상담을 하는지는 사건에 따라 천차만별로 달라. 변호사가 보기에 범인이 아니라고 믿어지면, 경찰이나 검찰이 왜 그 사람을 범인으로 보는지 생각해 보고, 어떻게 해야 오해를 풀 수 있을지 의뢰인과 함께 고민하지.

경찰에게 무슨 얘기를 했는지, 불리한 증거는 뭐가 있는지, 유리한 증거를 어떻게 찾을 수 있을지 하는 것들을 상의해. 1시간이면 끝날 때도 있고, 반나절이 넘게 걸릴 때도 있지.

어떤 의뢰인은 구속되어서 구치소에 갇혀 있기도 하거든. 그럴 때는 의뢰인의 가족들이 변호사를 찾아와서 일을 맡기기 때문에 변호사가 구치소에 찾아가서 의뢰인을 면회하면서 상담을 해야 하기도 해.

상담은 한 번으로 끝나지 않아. 수사를 받고, 재판을 하는 내내 수시로 해야 해. 경찰에서 검사에게로 사건이 넘어가고, 재판이 열릴 때마다 새로운 일들이 벌어지거든. 그 전까지는 나오지 않았던 새로운 증거, 증인이 생기기 때문이지.

의뢰인이 언제 변호사를 찾아오느냐에 따라서 일이 달라지기도 해. 어떤 사람은 경찰에게 범인으로 지목되자마자 변호사를 선임한 단다. 그러면 경찰서에서 경찰관에게 조사를 받을 때부터 변호사가 같이 앉아 도움을 줄 수 있거든.

　혹시라도 경찰관이 너무 무섭게 몰아붙이면 변호사가 그러지 못하도록 막아 줘. 경찰관이 모르는 걸 물어볼 때 대답을 잘못해서 엉뚱하게 범인으로 몰리는 일이 없도록 도와주기도 하지.

　그렇지 않고 경찰, 검사의 수사를 혼자 다 받고 난 다음, 범인으로 재판을 받게 됐을 때 비로소 변호사를 찾아오는 사람도 있어. 그럴 때 변호사는 그동안 그 사람이 어떤 수사를 받았는지 알아본 다음 재판에 함께 들어가.

　재판에 들어가면 검사는 그 사람이 범인이라고 주장하면서 이러 저러한 증거들을 내놓거든. 그럼 변호사는 검사의 주장이 틀렸다고 맞서지. 왜 그렇게 생각하는지 이유를 설명하고, 검사가 내놓은 증거와 다른 증거를 보여 주면서 다투는 거지.

혼자서 따로 혹은 여럿이 함께

　이 삼촌은 그런 사건들을 늘 50개 정도 처리하고 있어. 어마어마

하지? 그래그래. 너희 눈에 존경하는 눈빛이 보이는구나. 크크크. 그런데 솔직히 그걸 혼자서 다 어떻게 하겠냐.

우리 팀에는 모두 5명의 변호사가 있어. 그중 2명은 변호사 생활 20년이 넘은 고참들이셔. 회사에서는 '파트너 변호사'라고 부르지. 그분들을 중심으로 누가 어떤 사건들을 주로 담당할 건지 정하는 거야.

대개는 파트너 변호사 2명 중에 1명이 한 사건을 맡고, 나같이 일을 시작한 지 얼마 안 된 변호사가 그분을 돕게 돼. 내가 함께 일하는 변호사님은 검사로 20년 가까이 일하다가 내가 입사할 즈음에 변호사가 되셨어. 흠, 그러고 보면 입사 동기라고 해야겠구나. ㅎㅎㅎ.

그분은 검사로 일했기 때문에 형사재판이 어떻게 이뤄지는지 아주 잘 알고 있어. 나에게 지난 3년은 그분한테 일을 배우는 시간이었다고 해도 지나치지 않아. 에휴, 혼나기도 엄청 혼났지. 말도 마라. 성격이 어찌나 꼼꼼한지 조그만 거 하나라도 놓쳤다가는 아주 불호령이 떨어져.

물론 그 덕에 내가 이렇게 능력 있는 변호사가 될 수 있었지만 말이야. 진짜야! 소파에 앉은 우리 친구, 왜 그렇게 쳐다보냐? 큼, 말이 끊겼네.

암튼 5명의 변호사가 사건을 나눠서 맡는데, 보통은 고참과 신참, 2인 1조로 한 사건을 해결해. 비교적 간단한 사건들은 한 변호사가 거의 일 처리를 하기도 하고, 아주 복잡하고 어려운 사건에는 5명 모두가 달라붙기도 해. 종종 회의를 열어서 맡고 있는 전체 사건에 대해 서로 의견을 나누면서 도움을 주고받기도 하지.

변호사가 맡는 사건의 수

그런데 우리처럼 여러 명의 변호사가 회사를 만들어서 일하는 것이 아니라 혼자서 사무실을 운영하는 변호사들도 많단다. 그런 경우에는 처음부터 끝까지 모든 일을 혼자 해야 하지. 그런 변호사들도 한 번에 20~30개까지 사건을 맡는 경우가 있어. 그게 어떻게 가능하냐고?

한 사건의 형사재판이라는 게 시작해서 끝날 때까지 날마다 계속되는 게 아니거든. 보통 한 사건에 대한 재판은 한 달에 한 번 정도 열려. 수사도 그렇고 재판도 그렇고 한 번 열리고 나면 그날 어떤 얘기들이 나왔는지 정리할 시간이 필요하거든. 그리고 다음에 어떤 점에 대해서 검사, 피고인이 주장할 것인지 준비하는 시간도 필요해.

간혹 뉴스에 나오는, 어마어마하게 중요한 사건은 일주일에 두세 번씩 재판을 열기도 하지만, 그건 정말 드문 경우야. 그러니까 뉴스에 나오겠지?

서류에 파묻히기

　재판이 한 달에 한 번 정도 열리더라도 50개가 넘는 사건을 처리하려면 정신없이 바쁠 수밖에 없어. 생각해 봐. 각각의 사건 의뢰인들을 한 달에 한 번씩만 만나도, 각각의 재판에 한 번씩만 들어가도 우리 팀 전체로 보면 날마다 상담과 재판을 하는 게 되잖아. 혼자 하기도 하고 2~3명이 같이하기도 하면서 일을 나누니까 그나마 가능한 거지.

　그런데 그거 아니? 지난달로 내가 우리 팀 막내 자리를 벗어났단 사실! 그간 열심히 일한 공적을 회사에서 인정받은 거지, 하하! 실은 그게 아니라, 회사에서 얼마 전에 신입 변호사를 뽑았거든.

　일단 입사 축하 선물로 지금 우리 팀 전체가 맡고 있는 사건 관련 서류를 모두 읽어 보라고 넘겼어. 그 녀석은 나한테 죽었다고 봐야지, 크크크. 어? 아냐 아냐. 삼촌이 못된 선배라서가 아냐. 에이, 죽인다는 건 농담이지. 빨리 일을 배울 수 있도록 해 주려는 선배의 배려야, 배려.

　말이 나왔으니 얘기하자면 변호사들은 서류와 전쟁을 치르다시피 하면서 살아. 형사재판 과정을 얘기해 줄 테니 머릿속으로 한 번 떠올리면서 들어 보렴.

수사 과정에서 쌓이는 서류

경찰이 범죄 현장에 출동하면, 현장이 어떤 모습인지 자세하게 보고서를 써. 증거들을 모으기 시작하면서 서류도 쌓이기 시작하지. 범죄와 관련된 사실을 봤다는 사람이 있으면, 묻고 답하는 방법으로 그 사람의 얘기도 일일이 기록한단다.

하지만 이 과정이 말처럼 간단치 않을 때가 많아. 예를 들어 한 아저씨가 음주운전을 해서 교통사고를 일으켰는데 그냥 도망갔다가 나중에 붙잡혔다고 치자. 붙잡았을 때는 이미 시간이 꽤 흘러서 기계로 음주 측정을 할 수 없어.

그럼 경찰은 그 사람이랑 같이 술을 마신 사람, 그 사람이 술을 마신 가게 주인에게 물어서 몇 시부터 몇 시까지 어디서 얼마나 술을 마셨는지 조사해야 해. 여러 사람에게 들어야 누군가 거짓말을 하는 걸 막을 수 있지. 그리고 그 사람들이 얘기한 것들을 모두 서류로 만들어야 해.

교통사고 현장을 자세하게 찍어서 차가 어디서 어떻게 움직이다 사고를 냈는지 그림을 그리고 설명글도 붙여. 혹시 CCTV에 찍혔다면 사고 장면을 사진으로 뽑아서 서류로 만들어야 해. 다른 사람 차가 부서졌다면 얼마나 부서졌는지 자동차 공장에서 견적서 같은 서류들을 만들어 주지.

혹시 사람이 다쳤다면 어쩌다 그랬는지 그 사람 얘기를 듣고 적은 서류도 붙여. 다친 사람이 병원에서 치료 받은 내역까지 죄다 서류로 만드는 거야. 교통사고 같은 아주 간단한 사건이 이 정도니까, 조금만 복잡한 사건이 벌어지면 서류로 만들어진 기록이 수천 페이지 생기는 거야.

재판 과정에서 쌓이는 서류

여기까지만 해도 재판이 열리기 전, 수사하는 과정에서 만들어지는 기록이지. 본격적으로 재판을 시작하면 법정에서 누가 무슨 얘기를 했는지도 모두 다 적어서 기록에 더해.

대표적인 경우를 살펴볼까? 사건에 대해 잘 알고 있는 사람이 증인인데, 증인을 법정에 불러 자기가 본 걸 얘기하도록 해.

먼저, 검사가 혹시 사건 현장에서 피고인을 봤는지, 왜 피고인이 범인이라고 생각하는지 등을 물어. 그 다음에 변호사가 혹시 증인이 잘못 본 건 아닌지 등의 반대 내용을 물어. 얘기하는 걸 듣다가 중간중간 판사가 물어볼 때도 있지.

2시간, 3시간씩 걸릴 때도 있는데 그걸 다 받아 적어 놓으면 양이 얼마나 많겠니? 그렇게 재판을 끝내고 나면 양쪽 모두 재판에서 나온 얘기들을 각자 입장에 유리하게 정리해서 또 서류를 만들어.

그러다 보니 변호사들이 야근을 많이 하는 거야. 낮에는 상담을 하거나 재판에 들어가느라 차분하게 앉아서 기록을 볼 시간이 부족하거든. 아침 일찍, 또는 저녁밥을 먹고 사무실에 틀어박혀 사건 기록들을 읽는 거야.

삼촌이 신입 변호사에게 우리가 진행하고 있는 사건들을 모두 읽어 보라고 한 건, 많은 양의 기록을 읽고 사건 내용을 파악해서 필요한 부분을 짚어 내는 능력을 빨리 키워 주기 위해서야. 절대 절대 그 친구를 괴롭히려는 게 아니야. 알지?

얘기를 많이 해서 그런지 땀이 나네, 하하. 시연아, 요 앞 마트에 가서 동생들이랑 같이 먹게 아이스크림 사 오지 않으련? 그 옆 카페에서 삼촌 아이스 아메리카노도 한 잔 부탁해!

돈 많이 버는 삼촌?

수임료와 성공보수

자, 그냥 기다리면 심심하니까 궁금한 게 있으면 물어보렴. 뭐? 그렇게 일을 많이 하는데 돈은 얼마나 받느냐고? 초면에 너무 솔직한 거 아니냐? 크크. 하긴 열심히 일한 만큼 많이 벌어야지.

3년을 꽉 채워 일했고 후배 변호사도 들어왔다고 했잖아. 나도 이제 '수습'이라는 딱지를 완전히 뗐다는 거지, 하하. 우리 회사 기준으로 하면 나 정도의 경력은 아마 억대 연봉을 받을 수 있을 거야. 눈들이 동그래졌네. '억' 소리 나지?

그래. 먼저 변호사들이 보통 어떻게 돈을 받는지 알아야겠구나. 수사를 받거나 재판을 해야 하는 사람들이 회사로 찾아오면 상담을 한 뒤 사건을 맡는다고 했지? 변호사에게 사건을 맡길 때는 '수임료'를 내야 해. 사건이 얼마나 어렵고 중요하느냐에 따라 몇 백 만 원에서 몇 천 만 원까지 다양하게 낸단다.

얼마나 무거운 벌을 받을 수 있는지, 봐야 할 서류가 얼마나 많은지, 재판은 몇 번이나 참석해야 하는지 같은 여러 가지 조건들을 따져 수임료를 정하는 거야.

난 보통 형사재판을 맡지만 민사재판, 행정재판, 가사재판 같은 여러 가지 종류의 재판이 있어. 의뢰인의 돈을 대신 받아 주거나 하는 민사재판에서는 일이 잘 끝나면 성공보수를 받기도 해. 예를 들어 빌려줬던 돈 1억 원을 돌려받도록 해 줬다면, 처음 사건을 맡을 때 500만 원을 받고, 재판에서 이긴 뒤 또 500만 원, 합계 1000만 원을 받는 거지.

아주 비싼 수임료, 즉 변호사에게 몇 억 원씩 줬다는 뉴스를 본 적이 있지? 근데 그런 경우는 아주 드물어. 그러니까 뉴스에 나오지. 우리 팀 같은 경우 한 달에 50건 정도 사건을 처리하고 있다고 했잖아. 평균 1건에 1000만 원을 받는다고 하면, 한 달에 5억 원어치 일을 하고 있는 셈이지.

물론 그 돈을 변호사들이 다 나눠 가질 수 있는 건 아니야. 검찰과 법원을 오가면서 필요한 서류들을 정리하고, 기초적인 자료 조사를 하는 직원들이 있기 때문에 임금도 줘야 하고, 회사를 운영하는 데 들어가는 각종 비용도 써야 하니까.

로펌 변호사와 개업 변호사

그렇게 따지면 회사가 버는 돈에 비해 변호사들이 너무 적게 받는 것 아니냐고? 요 녀석들 욕심 많네! 얘들아, 1년에 1억 원이면 정말

어마어마하게 많은 돈이야!

　로펌에 다니면 개인 생활이 없을 정도로 바쁘니까 돈보다 그런 부분을 고민하는 변호사들이 있지. 그래서 혼자, 또는 뜻이 맞는 변호사 몇몇이 작은 회사를 만들어 독립하는 경우도 있어. 이들을 보통은 '개업 변호사'라고 불러.

　이런 경우, 큰 회사가 아니니까 그만큼 운영하는 데 필요한 돈도 적게 들어. 대형 로펌보다 일도 많지 않으니까 돈을 적게 버는 대신 '저녁이 있는 삶'을 살 수 있지.

　그런데 개업 변호사도 쉽지는 않아. 예전과 달리 변호사 숫자가 너무 많아져서 2만 명이 넘거든. 한 달에 사건을 서너 건 정도는 맡아야 사무실도 운영하고 어느 정도 돈을 가져갈 수 있는데, 이게 쉬운 일만은 아니야.

　물론 열심히 하다 보면 잘한다고 입소문이 나기 마련이고, 그럼 의뢰인이 늘어나면서 돈도 많이 벌게 돼. 근데 이렇게 되면 대형 로펌에 다니는 것 못지않게 일을 많이 해야겠지? 흠흠.

변호사의 다양한 수입

　재판 말고 다른 일로 돈을 버는 변호사들도 있어. 로펌이 아니라 일반 회사에 들어가 법률 관련 업무를 하기도 하고, 법원이나 검찰이 아닌 다른 국가기관에서 공무원으로 일을 하기도 해. 그런 변호사들은 다니는 곳에서 주는 월급만큼 돈을 벌지.

그런데 말이야, 세계에서 제일 돈 잘 버는 변호사가 누군지 알아? 혹시 '존 그리샴'이라고 들어 봤는지 모르겠다. 미국 변호사인데 법률 지식을 활용한 소설로 베스트셀러 작가가 됐어. 30개가 넘는 나라에서 6000만 부 이상의 책이 팔렸지. 그의 소설을 바탕으로 한 영화도 많이 만들어졌어. 뉴스를 보니까 1년에 무려 1400만 달러, 우리 돈으로 150억 원 정도를 벌었더라고.

이 사람 얘기를 꺼낸 이유가 뭐냐고? 변호사란 법률 전문가, 일종의 자격 소유자라고 생각하라는 거야. 운전면허 자격으로 출퇴근만 하는 사람도 있지만, 택시나 화물차를 운전해 돈을 버는 사람도 있고, F1 그랑프리에서 레이서로 일하는 사람도 있잖아. 그런 것처럼 변호사도 자기 하기에 따라 아주 다양한 방법으로 돈을 벌 수 있단 얘기야.

2

휴우, 아이스커피를 한 잔 마셨더니 정신이 번쩍 드네. 뭐야, 거기 빨간 옷 입은 녀석! 아이스크림 묻은 손을 소파에 쓰윽 닦으면 어떡하니! 얘들이 완전 무법자들이구먼. 여기가 법을 다루는 변호사 삼촌 집이라는 사실을 잊었단 말이냐? 변호사는 죄지은 사람을 도와주는 일을 한다고 하니 만만해 보이는 거니? 너희가 헷갈리는 모양인데, 변호사는 너희가 무서워하는 경찰이나 검사가 잘못하는 게 없는지 감시하는 일도 하는 사람이야. 그러니까 어쩌면 내가 더 무서운 사람일 수도 있다는 거지! 크크크, 진짜야!

법은 약속

너희 정신도 번쩍 들게 하려면 어디서부터 얘기를 해야 할까? 그래, 법이 뭔지, 왜 필요한지부터 생각해 보자.

빨간 옷! 넌 법이 뭐라고 생각하니? 잘못하면 벌 받는 거 아니냐고? 그래, 분명히 그런 부분도 있지. 그런데 벌을 주는 문제는 정확히 말하자면 법을 어겼을 때 어떻게 할지에 대한 거니, 법의 전부는 아니야. 절반 정도인 거지.

우리가 어떤 일을 하려 할 때 처음 하는 것이 뭘까? 그 일을 이러

저러한 방법으로 하자거나, 요러조러한 방법은 써서는 안 된다고 정하는 게 먼저지? 그렇게 정하는 이유는 간단해. 여러 사람이 모여 살다 보니 서로 불편하지 않게 약속을 정할 필요가 생겼거든.

많은 사람이 길을 오가는데 누구는 왼쪽, 누구는 오른쪽으로 제각각 걷다 보면 마구 뒤엉켜 부딪히기 일쑤겠지. 긴 여름 동안 땀 흘려 일해 농사를 지었는데, 아무나 와서 쌓아 놓은 곡식을 가져가 버리면 누가 일하고 싶겠어? 남의 소파에 아이스크림을 묻혀 놓으면 청소하는 사람은 얼마나 짜증이 나겠냐!

만약에 아이스크림이 아니라 지워지지 않은 페인트 같은 걸 묻혀서 못 쓰게 만들었다면 재물손괴죄로 3년 이하의 징역에 처할 수도 있다고! 빨간 옷, 어때? 무섭지, 크흐.

법이 종교나 도덕과 다른 점

엄마한테 그냥 혼나는 거랑은 느낌이 확 다르지? 법이란 이처럼 지키지 않으면 나라가 끼어들어 강제로 힘을 쓸 수 있는 거야. 물론 교회나 절에 가도 나쁜 일을 하면 안 된다고 가르치지. 하지만 목사님과 스님이 나서서 벌을 주지는 않잖아? 그런데 법에는 그보다 더 큰 차이가 있어.

법은 누가 만들지? 국회에서 국회의원들이 만든다고? 맞아, 노란 원피스 입은 너, 똑똑하네! 그런데 국회의원들은 국민의 손으로 뽑은 국민의 대표잖아. 그러니까 사실 법은 우리가, 정확히는 투표권을 가진 너희 부모님들이 만든 거나 마찬가지야. 어른이 되면 너희도 함께 법을 만들 수 있는 거지.

법을 만드는 사람, 법을 어겼을 때 벌을 주는 사람, 주는 벌을 받는 사람도 모두 대한민국 국민들이고 우리인 거야. 범죄자들도 결국은 스스로 한 약속을 어겨서 스스로 벌을 받는 셈이지.

경찰이나 검사가 범죄자를 잡고, 판사가 재판을 통해 벌을 주지만, 누군가 나를 대신해 그런 일을 맡아서 하는 것일 뿐이야. 그러니 경찰이나 검사, 판사들만이 법의 주인이 아니라 나와 우리 모두가 법의 주인인 거지.

그리고 법은 약속이기 때문에 신이 내린 명령처럼 변하지 않는 진리가 아니야. 우리끼리 다른 식으로 언제든 바꿀 수 있어.

세상은 빠르게 변하고 있어. 너희가 당연하게 여기는 스마트폰도 고작 10여 년 전에 세상에 나왔어. 스마트폰을 어떻게 써야 할지, 스마트폰 단체 대화방에서 다른 사람 흉을 보면 어떻게 되는지 등은 새로운 약속으로 법을 만들어 나가야 해.

단 한 명의 억울한 사람도 없도록

그런 점에서 법에는 또 한 가지 중요한 차이가 있지. 신이 아니라 사람이 만들다 보니까 그 어떤 법도 완전할 수는 없다는 거야. 믿기지 않겠지만 심지어 이 멋져 보이는 삼촌조차 실수를 한단다. 그래서 법은, 특히 사람을 벌주는 형법은 실수를 막기 위해 여러 가지 안전장치를 만들었어.

만약에 말이야, 누군가가 잘못한 것도 없는데 누명을 뒤집어쓰고 10년 정도 감옥에 갇혔다고 생각해 봐. 얼마나 억울하겠니? 그런 일이 생기는 걸 막기 위해서 법은 이렇게까지 할 필요가 있을까 싶을 정도로 아주 까다로운 절차를 만들어 놨어.

너희가 편의점에서 군것질하며 떠들고 놀다가 그만 스마트폰을 놓고 나왔다고 생각해 보자. 급하게 돌아가 찾으려 하는데 마침 옆에서 컵라면을 먹던 형이 나가더라고. 그런데 잠깐 사이에 편의점 안에서도 스마트폰이 온데간데없이 사라진 거야.

다른 사람이 없었다면 방금 나간 그 형을 의심할 만하겠지. 밖으로 뒤쫓아 나왔는데 마침 경찰 아저씨가 지나가고 있네? 그럼 너희가 경찰 아저씨에게 말해서 그 형을 붙잡을 수 있을까? 호주머니만 한 번 뒤져 보면 분명히 스마트폰이 나올 것 같은데 말이야.

무죄추정의 원칙

하지만 아무리 경찰이라도 의심스럽다는 이유만으로 그렇게 할 수는 없어. 그 형에게 혹시 스마트폰을 가지고 나오지 않았는지 물어보는 정도는 할 수 있지. 하지만 몸을 뒤지거나 훔친 물건이 몸에서 나왔다고 체포하는 건 경찰 마음대로 할 수 없어.

반드시 법원에서 판사가 그렇게 해도 괜찮다고 영장을 써 줘야 가능하단다. 영장도 그냥 달라고 해서 써 주는 게 아니야. 강제로 수색을 하거나 체포해야 할 필요가 있다고 인정할 만한 충분한 이유가 있어야 해.

예를 들어, 경찰이 편의점 사장님의 협조를 얻어 CCTV를 봤더니 그 형이 스마트폰을 주머니에 넣는 장면이 찍혀 있었다는 정도 말이야. 물론 그 사이 그 형은 집에 돌아갔을 테고, 경찰은 그 형이 어디 사는 누구인지 다시 찾는 데 애를 먹을 수도 있겠지. 뭔가 굉장히 불편하다는 생각이 들 거야.

하지만 그건 너희가 머릿속으로 그 형이 스마트폰을 훔쳤다고 생각하고 있기 때문에 그런 거야. 사실은 과자를 고르다 스마트폰을 바닥에 떨어뜨렸을 수도 있고, 아예 집에 두고 왔을 수도 있잖아. 그런데도 무작정 그 형을 붙들어 놓고 몸을 뒤진다면 인권을 침해하는 거지.

더구나 법은 누구든지 재판을 거쳐 죄를 지은 것이 확실하다고 판결을 받기 전까지는 무죄로 여기도록 하고 있어. 이걸 '무죄추정의 원칙'이라고 해.

죄도 짓지 않은 사람을 함부로 대해도 된다고 한다면 무슨 일이 벌어질까? 경찰이 지나가는 누구든지 세워 놓고 이것저것 물어보고, 허락 없이 가방을 열어 볼 수도 있을 거야. 단지 수상해 보인다는 이유만으로 말이야. 그럼 얼마나 불편하고 힘들겠니.

물론 정말 확실할 때는 영장이 없더라도 체포할 수 있도록 하고 있어. 예를 들어 남의 물건을 훔치는 순간에 들켜서 달아나고 있다면 가능하지. 그런 예외적인 경우가 아니라면 경찰이나 검사도 상대방의 허락을 받은 한도에서만 수사를 할 수 있고, 강제로 하려면 반드시 법이 정한 절차에 따라야 하는 거야.

미란다 원칙

그런 절차 중 대표적인 게 미란다 원칙이지. 영화나 드라마에서 형사가 범인을 붙잡으면서 "묵비권을 행사할 수 있고, 지금부터 하는 말은 법정에서 불리하게 작용할 수 있고, 변호인을 선임할 권리가 있다."라고 멋있게 말하는 장면을 본 적 있을 거야.

왜 '미란다' 원칙이라고 하냐면 말이지, 미국에서 미란다라고 하는 사람이 아주 나쁜 짓을 했거든. 경찰이 붙잡아 수사를 했고 미란다는 자신이 범죄를 저질렀다는 사실을 인정했어. 그런데 경찰이 그만 깜빡 잊고 저 세 가지 말을 안 해 준 거지.

나중에 재판을 받으면서 미란다는 묵비권을 행사할 수 있다는 사실을 모르고 자백했으니까 자기 자백은 무효라고 주장했어. 묵비권은 아무 말을 하지 않아도 되는 권리인데 경찰이 그걸 알려 주지 않았던 거지. 묵비권을 알았다면 경찰에게 죄를 지었다는 얘기를 하지 않았을 거라고 내세운 거야.

결론은 어땠을까? 미란다는 무죄 판결을 받았어. 자백하지 않아

도 되는 권리가 있다는 사실을 모르고 한 자백은 없었던 걸로 쳐야 한다는 거야. 분명히 말을 했는데도 법적으로는 아무 말도 하지 않은 것으로 봐야 한다는 거야. 빨간 옷, 무슨 얘기를 하는 건지 머릿속이 뱅글뱅글 어지럽지?

아마 너희가 경찰서나 검찰청에 가 본 적은 없을 거야. 그런데 혹시라도 가게 될 일이 생긴다면 어떨까? 엄청 무섭겠지?

어른이라도 마찬가지일 거야. 어느 날 갑자기 경찰이 수갑을 채운 다음, 어두컴컴한 방으로 데려가서 이것저것 물어보면 누구라도 당황할 수밖에 없어. 잡혀간 사람이 진짜 나쁜 사람일 수도 있지만, 실수로 엉뚱한 사람을 범인인 줄 알고 잡아갈 수도 있잖아.

도대체 무슨 일인지 몰라 정신을 못 차리고 있는데, 무서워 보이는 형사가 인상을 찌푸리며 이것저것 물어보면 어떡해야 할까? 혹시라도 그런 일을 겪게 되면 일단 아무 대답을 하지 않아도 된다는 거야. 자기가 무슨 일을 겪고 있는지 상황 파악을 할 수 있도록 변호사의 도움을 받을 수도 있고 말이야.

그런 권리를 법으로 보장해 주지 않으면 경찰이 마구 다그칠 수도 있고, 그게 무서워서 자기가 하지도 않은 일을 했다고 말할 수도 있거든. 변호사는 경찰이나 검찰이 법이 정한 절차를 잘 지켜 가면서 수사를 하도록 수사 받는 사람을 도와주는 거야. 모든 사람들이 법을 자세히 알고 있기는 어렵잖아.

판사는 심판

그럼 재판을 하는 판사는 어떨까? 판사는 맨날 법정에서 재판을 하는 사람이고, 누구 못지않게 법을 잘 아는 사람이지 않을까? 그런데도 재판을 판사, 검사, 변호사가 함께하는 이유가 뭘까? 판사 혼자 알아서 다 해 주면 안 될까?

솔로몬 왕처럼 현명한 판결을 해서 진범을 가려내고, 억울한 사람은 알아서 풀어 주고 말이야. 예전엔 실제로 그렇게 재판을 했대. 그런 걸 '직권주의'라고 불렀고. 그런데 그렇게 재판을 했더니 어떤 일이 벌어진 줄 아니?

너네 아마 사극에서 고을 원님이 재판하는 장면을 본 적이 있을 거야. 그럴 때 가장 흔하게 나오는 대사가 "사실대로 말할 때까지 매우 쳐라!"이잖아. 그러고는 사람을 뒤집어엎어 놓고 엉덩이를 마구 때리거나 다리 사이에 막대기를 끼워 비틀거나 하잖아. 으윽, 생각만 해도 내 다리가 찌릿찌릿하다.

혹시 〈판관 포청천〉이라는 중국 드라마 본 사람 있어? '판관'이란 옛날 중국에서 판사를 부르던 말인데, 그 드라마에서는 걸핏하면 판관이 "작두를 대령하라!"라고 하거든. 대체 사람 몸을 작두로 어쩌려고 그러는 거야?

너넨 왜 별 반응이 없어? 얼마나 끔찍하냐! 생각을 해 봐라. 판사는

신이 아니야. 실제로 누가 무슨 범죄를 저질렀는지 어떻게 알겠어.

　어쩌다 한두 번은 맞출지 모르지. 하지만 수많은 사건을 처리하다 보면 한계에 이르게 돼. 결국 의심스러워 보이는 사람에게 솔직하게 털어놓으라고 다그치다가 말을 듣지 않으면 마구 때리고 고문을 하게 되는 거야.

　'매에는 장사가 없다.'라는 속담 들어 봤는지 모르겠다. 아무 잘못이 없는 사람이라도 맞다 보면 견딜 수가 없어. 거기에다 작두로 다리를 자르겠다고 겁을 줘 봐. 하지도 않은 죄를 저질렀다고 거짓 자백이라도 할 수밖에 없는 거야.

우리나라, 중국만 그런 게 아니라 세계 어느 나라에서든 다 비슷한 일이 벌어졌어.

변론주의

그래서 바뀐 게 지금과 같은 '변론주의'야. 법정에서 검사는 피고인이 죄를 지었다고 주장하면서 이런저런 증거를 대. 피고인은 그에 맞서 결백하다고 주장을 하지. 검사의 증거에서 잘못된 부분을 지적하거나 다른 증거를 대기도 하면서 말이야.

물론 검사는 먼저 수사를 한 뒤에 범인이라고 생각하는 사람을 피고인으로 세우고 재판해 달라고 한 거야. 하지만 일단 법정에 들어선 이후부터는 검사와 피고인이 대등한 위치에서 서로 다투지.

판사는 직접 나서서 사건을 파헤치는 게 아니라 양쪽 얘기를 들어 보고 어느 쪽 말이 맞는지에 따라 유죄, 무죄를 정하는 거야. 그런데 앞서 말했듯이 피고인은 법률 전문가가 아니니까, 변호사가 피고인을 대신해 검사와 맞서는 거지.

검사와 변호사가 칼 대신 각자의 법률 지식과 논리로 법정에서 결투를 벌이고, 판사는 누가 이겼는지 심판을 보는 셈이야. 이렇게 말하니까 삼촌이 좀 더 멋져 보이지 않니?

악마의 변호사

응? 똑똑한 우리 노란 원피스 학생, 질문 있다고? 오, 역시 수준이 높구나. 그렇게 검사와 변호사가 다투다 보면, 정말로 피고인이 죄를 지었는데도 변호사가 잘하는 바람에 무죄로 풀려날 수도 있지 않느냐는 거지? 하긴 삼촌 같은 실력파가 변호사 일을 하니까 그런 걱정이 들 수도 있겠지. 크크. 답부터 먼저 말하자면 그럴 염려는 거의 없어.

검사가 수사하는 수많은 사건 모두를 법정에서 유죄인지 무죄인지 다투는 건 아니야. 변호사가 사건을 맡으려면 먼저 의뢰인과 상

담을 한다고 했잖아. 변호사는 의뢰인의 얘기를 들어 보고 정말로 죄를 지었다고 보기에 의심스러운 부분이 있을 때 일을 맡아. 의뢰인이 아예 하지도 않은 일일 때도 있고, 어떤 일을 하기는 했지만 범죄가 아니라고 주장할 수 있을 때도 있지.

예를 들어, 버려진 물건이 있어서 가져갔는데, 알고 보니 이삿짐을 싸면서 잠시 내놓았던 것이어서 도둑으로 몰렸다고 생각해 봐. 검사는 거짓말을 하고 있다고 생각하지만, 변호사가 볼 때는 진실일 수 있어 보인단 말이야.

그럴 때는 판사의 심판을 한번 받아 보자고 하는 거지. 죄를 지은 게 뻔한 사건에 억지로 가짜 증거를 만들어서 판사까지 속이려 드는 '악마의 변호사'는 영화에나 나오는 거야.

법에도 눈물은 있다

물론 변호사가 죄를 지은 게 뻔한 사람, 진짜 악당들을 도와주기도 해. 무슨 소리냐고? 빨간 옷 친구, 너는 꼭 이런 얘기를 해야 눈이 똥그래지면서 듣더라? 어른들이 뉴스에 나오는 범죄자를 보면서 "저런 죽일!"이라고 욕하는 거 들어 봤을 거야. 나쁜 짓을 했으니까 그런 욕을 먹어도 싸기는 하지.

하지만 재판을 그렇게 감정적으로 해서는 제대로 벌을 줄 수가 없어. 아무리 악당이라도 법이 정한 공정한 절차에 따라 재판을 받을 수 있도록 해야 하는 거야. 그렇게 재판을 하다 보면 만에 하나일지언정 그가 억울한 사람이었다는 사실이 밝혀질 수도 있지. 아무리 죄를 지은 게 분명한 사람이더라도 자기 죗값만큼만 벌을 받도록 도와주는 것도 변호사의 일이고.

이를테면 사람을 해치는 건 정말 나쁜 일이지. 그렇지만 돈 때문이었는지, 순간의 화를 참지 못했던 건지, 아니면 먼저 공격을 당해서였는지에 따라 벌이 달라질 수 있거든. 도둑질을 했지만 가난한 환경에서 자랐고 정말로 배가 고파서 그랬을 수도 있잖아.

그렇다고 용서해야 한다는 건 아니야. 하지만 그런 어려운 일을 겪는데도 사회가 아무 도움을 주지 못했다면, 그 사람만의 책임으로 돌리기 어려운 부분도 있다는 거야.

경찰이나 검사는 아무래도 누가 어떤 죄를 저질렀는지 밝히는 데 더욱 집중하기 마련이거든. 그러니 변호사가 이런 부분들을 찾아내서 판사에게 벌을 줄 때 참고해 달라고 하는 거지. 법에도 눈물은 있기 마련이거든. 캬, 삼촌이 만들어 낸 건 아니지만 정말 따뜻하고 멋진 말 아니냐?

이제 삼촌은 새로 맡은 사건 기록을 살펴봐야 하니까 오늘은 여기까지 하자. 빨간 옷, 넌 어디 다른 데로 새지 말고 집에 곧장 가라!

나 도  변 호 사

삼촌이 이번에 맡은 일은 범인이 죄를 지은 게 분명해 보이는 사건이야. 뉴스에도 나고 떠들썩했지. 범인이 택시를 타고 가다 변두리 오거리에서 기사님을 해치고 돈을 훔쳐 달아났던 사건인데, 범인을 잡고 보니 글쎄 고작 스무 살밖에 되지 않은 청년이었어.

대학도 못 가고 배달 아르바이트를 하면서 나쁜 친구들이랑 어울리다 돈이 필요했던 모양이야. 공부를 열심히 하던지, 적성에 맞는 다른 진로를 잘 찾았어야 하는데 말이지.

청년이 자기가 저지른 일이라고 자백도 했고, 다른 증거들도 있어서 1심에서 15년 징역형을 선고 받았더라. 아직 기록을 제대로 보지는 않았는데, 뭘 도와줄 수 있을지 모르겠어.

그 청년의 어머니가 우리 팀 고참 변호사님을 찾아와서 울고불고 사정하며 상담한 모양이야. 마음 약한 고참 변호사님이 덜컥 사건을 맡고는 정작 일을 나한테 넘긴 거지.

다음 주 금요일에 첫 번째 재판이 있어. 내일 오후에는 구치소에 찾아가서 면담해 봐야 할 거 같아. 너희가 그 청년을 만난다면 어떤 걸 물어볼지 한 번 생각해 보고 적어 보렴.

오거리 사건의 범인으로 몰린 청년에게 어떤 질문을 할지 써 보자.

증거의 힘

재판의 기본은 증거

변론주의가 어떤 것인지 조금 더 정확하게 설명해 줘야 할 것 같다. 글 잘 쓰고 말만 잘하면 재판에서 이길 수 있다고 착각하면 안 될 테니 말이야.

검사든 변호사든 법정에서 하는 얘기는 모두 증거를 바탕으로 해야 하거든. 일단 증거가 있어야 그게 어떤 의미를 가진 것인지 판사에게 설명할 수 있으니까.

뭐든 원하는 것이 있는 사람이 그 이유를 주장하고, 그걸 증명할 수 있는 증거를 내야 한다는 것이 바로 '변론주의'야. 억울하단 말만 한다고 해서 판사가 알아서 그런 사정이 있는지 찾아봐 주는 게 아니라는 거지.

형사사건에서는 피고인이 범죄를 저질렀노라 주장하는 쪽이 검사야. 그러니 다름 아닌 검사가 범죄 사실에 대한 증거를 내야 해. 판사 입장에서 봤을 때 합리적으로 의심할 여지가 없을 정도의 증거여야 하지.

증거가 없거나 부족하면 아무리 의심스럽다고 할지라도 벌을 줄 수 없어. 의심스럽다는 이유로 벌을 줘서는 안 되고, 의심할 여지가 없을 정도로 확실하게 증명을 해야 한다는 거야. 피고인에게 유리한 쪽으로 판단을 내린다는 거지.

증거로 쓸 수 없거나 믿을 수 없는 것들

그래서 증거와 관련해 변호사가 우선 하는 일은 검사가 낸 증거가 제대로 된 것들인지 꼼꼼하게 검토하는 거야. 죄를 짓지 않았다는 새로운 증거를 찾기보단 검사가 낸 증거를 쓸모없는 것으로 만들 수 있는지 따져 보는 일이 많아. 경찰이나 검사가 잘못한 일이 없는지 말이야.

어떤 증거가 그런 것인지 볼까? 경찰이든 검사든 강제로 수사를 하려면 판사가 써 준 영장이 있어야 한다고 했잖아. 영장 없이 수사를 하는 일은 불법이야. 다른 사람의 범죄를 찾아내고 벌주는 일을 하면서, 먼저 불법을 저지르면 안 되지.

벌 받는 사람이 자기만 잘못했냐면서 따지고 들면 어떡할 거야. 누군가 물건을 잃어 버렸다고 신고했다는 이유만으로 경찰이 이웃집들을 마구 뒤지고 다닌다고 생각해 봐. 얼마나 기분이 나쁘고 불편하겠어.

그런 일을 막기 위해 불법 수사로 얻은 증거는 쓸 수가 없다고 법으로 정해 놓았어. 법정에 내놓아도 판사가 증거로 인정해 주지 않지. 아무리 범죄자라는 게 뻔한 상황이라도 증거가 없는 것과 마찬가지로 여기니까 피고인을 풀어 줄 수밖에.

그런 헛수고를 하지 않으려면 경찰이나 검사가 먼저 법을 잘 지켜 수사를 해야 하는 거야. 변호사는 그들이 제대로 하는지 감시하는 역할을 하는 거지.

그런데 법을 잘 지켜서 찾아낸 증거라고 할지라도 꼭 범죄와 연관이 있는지는 다시 확인해 봐야 할 별개의 문제라는 것도 함께 알아두자.

여러 가지 증거들

오거리 사건엔 어떤 증거들이 있는지 한 번 볼까? 통틀어서 '증거'라고 부르지만 그 종류는 참 여러 가지란다.

검사가 낸 기록 중에서 눈에 띄는 것들을 보면, 피고인이 탔던 오토바이 배달통에서 나온 칼, 피고인이 택시 옆에 서 있는 걸 본 목격자 진술서, 택시 안에 있던 고장 난 블랙박스, 피고인과 여자 친구가 범행이 이루어질 무렵 했던 전화 통화 기록, 범행 장소 근처 CCTV에 찍힌 피고인의 모습 같은 것들이 있네. 경찰이 이런 증거들을 피고인에게 보여 주니까 죄를 자백했고 말이야.

그런데 한 번 생각해 보렴. 저기 있는 여러 증거들 중에 어느 하나만으로 명백하게 피고인이

죄를 저질렀다는 사실을 증명하는 것이 있는지.

피고인을 본 목격자는 반대편 차선에 있던 운전자야. 하지만 피고인이 택시 옆에 오토바이를 세우고 있었다는 사실만 봤지, 택시기사를 해치는 모습을 본 건 아니잖아.

CCTV에 피고인이 찍혔으니까 목격자가 오거리에서 본 오토바이가 피고인의 오토바이가 맞다는 정도는 분명하겠지.

피고인이 범행을 감추기 위해서 택시 안에 블랙박스를 망가뜨려 고장 냈다는 사실을 드는데, 그 역시 직접 본 사람은 없으니 추측일 뿐이지.

여자 친구와의 통화 기록은 왜 증거로 넣었을까? 아, 피고인이 여자 친구에게 오거리를 지나 오토바이로 데리러 가고 있다는 얘기를 했기 때문이구나.

이런 여러 가지 증거들을 모두 종합해 보면 피고인이 그때 택시기사를 해쳤다고 볼 수 있다는 거야. 마치 퍼즐을 맞추는 것처럼. 아마 피고인의 칼이 결정적인 증거였겠지.

어, 근데 뭐야? 칼이 배달통에서 나왔을 뿐 아무것도 묻어 있지 않다고? 범행 후 물에 씻은 것으로 보인다는 설명이 붙어 있긴 한데, 이상하다. 국립과학수사연구원이 얼마나 세밀하게 검사를 하는데 아무것도 없었다는 거지?

택시기사와 다투고 싸운 흔적이 있어야 정상인데 말이야. 뭔가 조금 찜찜한데……. 그러고 보니 범행이 이루어진 시간도 추측일 뿐이지 정확하게 밝혀지지 않았잖아. 밤 10시 10분 정도라고? 여자 친구랑 10시에 통화를 했는데 10분 뒤에 사람을 해쳤단 말이야?

흠, 아무래도 기록을 꼼꼼하게 검토해 봐야겠다.

어서 오렴. 잘 지냈어? 오늘도 많이들 왔네. 하기야 이 삼촌이 어려운 얘기를 워낙 재미있게 하니까, 하하. 뭐 그게 아니라도 삼촌이 매력적이라서 다시 보고 싶었을 거야. 뭐야? 너네 표정이 왜 그러냐. 아, 혹시 지난주 수요일에 시연이랑 예원이만 법원에 데려갔다고 삐친 거야? 그게 말이지. 마음이야 다 데리고 같이 가고 싶었지. 특별한 사건이 아닌 한, 재판을 하는 법정엔 누구든지 자유롭게 들어가 방청석에서 지켜볼 수 있거든. 그렇지만 초등학교 학생 10여 명이 한꺼번에 우르르 들어가기에는 법정이 그렇게 넓지도 않고, 재판하는 판사 입장에서도 신경이 쓰일 수 있거든. 말했듯이 법정 견학은 미리 신청하지 않아도 언제든 들어가 볼 수 있으니까
엄마, 아빠 손잡고 가 보렴.

법정의 모습

그렇다고 너무 실망하지는 마. 이 삼촌이 어떤 사람이냐. 너희가 궁금해 할까 봐 이렇게 법정 사진을 준비해 뒀지! 사진을 돌려 보면서 얘기 들으렴.

아쉽게도 삼촌이 멋지게 재판하고 있는 모습은 아니야. 법정은 누구에게나 공개돼 있지만 사진이나 동영상을 찍거나 녹음을 하려면 판사 허락을 받아야 하거든.

사진을 보면 한가운데 법대에 법복을 입고 앉아 있는 판사님들이 보이지. 법정 문을 열고 들어오면 반대편 끝 쪽에 법대가 자리 잡고 있어. 대충 너희 키 높이 정도 되겠구나.

법대 위치가 높은 것은 재판을 진행하는 사람들에게 권위를 주기 위해서이지. 조금 높은 데서 보면 검사나 피고인, 변호인을 쉽게 볼 수 있기 때문이기도 해. 누가 진실을 얘기하고, 누가 거짓말을 하는지 짐작해 볼 수 있지.

　법정에 따라 판사 숫자도 달라. 무거운 벌을 내려야 하는 중요한 사건은 3명이, 비교적 간단한 사건은 1명이 재판을 맡아.

　법대 밑에 앉아 있는 사람들은 재판이 원활하게 이뤄지도록 판사를 돕는 역할을 해. 사건별로 필요한 서류를 정리해 주기도 하고, 법정에서 오가는 대화를 속기로 기록하는 사람도 있어. '속기'란 특수한 문자를 사용해 보통 글씨를 쓰는 것보다 빨리 다른 사람 말을 받아 적을 수 있는 기술이야.

　너희가 들고 있는 사진에서는 왼쪽, 판사를 기준으로 하면 오른쪽 아래 책상에 앉아 있는 사람이 검사야. 판사와 비슷하게 법복을 입고 있지. 검사는 수사를 한 결과 피고인이 이러저러한 죄를 지었으니 벌을 달라고 요청해.

　그런데 검사가 앉아 있는 방향이 이상하지 않니? 그런 얘기를 하려면 판사를 마주 보고 있어야 하는데, 실제로는 판사와 90도 각도로 앉아 있잖아.

　검사가 마주 보는 방향의 반대편에 나란히 앉아 있는 사람들이 피고인과 변호인이야. 아 참, 형사재판에서는 변호사를 '변호인'이라고 부른단다.

법정에서는 대등한 자격

검사와 피고인, 변호인을 이렇게 앉힌 이유가 있어. 재판을 하는 동안은 양쪽이 대등한 자격이라는 거야. '무죄추정의 원칙'이라고 앞에서 들어 봤지? 정말로 죄를 지었는지는 재판이 끝나 봐야 아는 거니까, 그 전까지는 무죄인 것처럼 대우하는 거지.

그래서 자리도 검사보다 아래가 아니라 평등하게 앉는 거야. 서로 마주 보며 검사는 죄를 지었다고 하고, 피고인은 아니라고 하며 각자 주장을 해. 판사는 그걸 다 지켜본 다음에 어느 쪽 얘기가 맞는지 판결을 내리는 거야.

그 아래로 사람들이 나란히 앉아 있는 게 보이지? 거기가 방청석이야. 자기 차례를 기다리는 피고인들도 있고, 그냥 재판을 구경하는 사람들도 가끔 있어.

잘 보면 방청석하고 재판을 하는 곳 사이가 허리 높이 정도의 칸막이로 나뉘어져 있는 걸 알 수 있을 거야. 어떤 뜻일까? 엄격한 형사재판을 하는 곳이니까 함부로 아무나 들어올 수 없다는 거야.

눈썰미 좋은 친구라면 피고인이 앉은 자리 뒤쪽에 조그만 문이 보일 거야. 판사가 유죄 판결을 내리고 징역형을 선고하면, 피고인은 그 문 뒤에 있는 방으로 끌려가지. 교도소로 가기 위해서 말이야. 무섭지?

무죄 선고가 내려져야 다시 칸막이 바깥쪽 방청석으로 돌아올 수 있어. 삼촌 얘기 듣는 걸로 끝내지 말고 꼭 한 번 형사재판 법정에 가 보길 바란다. 나쁜 짓 하고 싶은 생각이 깨끗이 사라질 테니.

드라마와는 다른 재판

그런데 말이야. 시연이가 법원 견학 소감으로 어떤 얘기를 하던? 사실 나도 그날 많이 바빠서 재판이 끝나자마자 바로 회사로 돌아갔어. 오늘에야 처음 다시 만났거든.

솔직히 별로 재미없었다고 하지 않던? 아마 그랬을 거야. 처음 들어가 보는 법정이니 겉모습은 신기했겠지. 하지만 재판을 하는 건 별로였을 거야. 기대보다 삼촌 모습이 멋지지 않아서 실망했을 수도 있고 말이야, 에잇!

너희 머릿속에 있는 변호사는 주로 영화나 드라마 장면에서 본 모습이겠지. 법정을 이리저리 오가며 멋진 연설을 하고, 거짓말을 통쾌하게 폭로하고 말이야. 솔직히 삼촌도 변호사 공부를 시작할 땐 그런 멋진 모습을 꿈꿨거든.

　근데 그건 텔레비전에서나 나오는 거더라. 진짜야! 왜 그런지 이제부터 삼촌 말을 들으면 이해가 갈 거다. 일단 우리나라 법정에서는 서서 돌아다니면서 말하는 것 자체가 금지돼 있어. 검사든 피고인이든 변호인이든 각자 자리에 앉아 있다가 자기 차례가 되면 필요한 말만 하는 거야.

재판 진행 절차

신원 확인

　하나씩 순서대로 알아보자. 첫 번째 재판 날, 첫 번째로 판사는 재판을 받으러 온 피고인이 누구인지부터 물어봐. 이름은 뭐고, 어디에 사는지, 하는 일은 뭔지 등을 말이야. 주민등록번호처럼 본인이 아니면 알기 어려운 걸 묻고, 신분증도 확인해.

이름이 뭐예요?

왜요? 저한테 관심 있어요?

　왜 그럴까? 상상하기 어렵겠지만, 남의 죄를 뒤집어쓰고 대신 감옥에 가려는 사람이 있을 수도 있거든. 어쩌다 자기 차례를 헷갈려서 먼저 재판을 받겠다고 법정 안으로 들어오는 사람이 있을 수도 있지.

그러니 이건 생각보다 중요한 절차야. 진짜 범인 대신 다른 사람이 감옥에 가게 되면 어떡해. 엉뚱한 사람을 상대로 재판을 해서 시간과 능력을 낭비하는 일도 막아야지.

수사를 할 때도 제일 먼저 확인하는 게 잡혀 온 사람이 누구인지라고 했었지? 형사와 범인이 마주 보고 앉아서 이름하고 직업 같은 걸 묻는 것처럼 재판에서도 판사와 피고인 사이에 신원 확인이 이루어져.

공소장

피고인이 맞다고 확인되면 그 다음은 검사 차례야. 검사가 나서서 피고인이 이러저러한 범죄를 저질렀으니 유죄를 선고해 달라고 하는 거지.

말로만 하는 게 아니라 그 내용을 정리해서 '공소장'이라는 서류를 판사에게 내지. 공소장은 단순하게 '저 사람은 나쁜 사람'이라는 식으로 뭉뚱그려 쓰는 게 아니야.

다음 페이지의 공소장 내용처럼 아주 구체적으로 자세하게 쓰는 거야. 읽으면서 머릿속에 그림을 그릴 수 있을 만큼 말이야.

> ## 공 소 장
>
> 이상해 씨가 ○○○○년 ○○월 ○○일 ○○시, ○○구 ○○동 ○○번지 건물의 ○층 ○○○호 ○○사무실이라는 장소에서, 미리 준비해 간 전체 길이 ○○센티미터가량, 톱날 부분 ○○센티미터가량의 절단기를 사용해서, 비밀번호를 사용하는 시가 ○○만 원의 자물쇠를 부순 다음, 사무실 안에 놓여 있던 피해자 ○○○ 소유인 시가 ○○○만 원의 노트북 ○대를 들고 나오는 방법으로 훔쳤다.

중요한 건 공소장의 내용은 검사가 보는 입장이라는 거야. 그게 꼭 맞다고 할 수 없고, 진짜 그대로 사건이 벌어졌는지를 재판에서 밝히는 거지.

공소장은 판사만 읽어 보는 게 아니라 피고인, 변호인도 미리 받아서 볼 수 있어. 읽어 봤는데 공소장 내용이 맞다면 어떻게 할까? 야야야, 생각하는 척 하지 마. 뭘 어쩌겠냐. 맞다고, 잘못했다고 하는 거지. 흠흠.

실제로 검사가 공소장 내용을 줄여서 법정에서 피고인이 이러저러한 죄를 지었노라고 주장하면, 그 다음에 판사가 피고인에게 물어본단다. 검사가 얘기하는 게 맞느냐고 말이야. 그때 피고인이 죄를 인정하는지 아닌지 대답하는 거야.

구형

피고인이 인정한다고 자백하면 그때부터 재판은 아주 간단해져. 판사는 다시 검사에게 물어봐. 피고인을 어떻게 벌주면 되겠느냐고. 만약에 검사가 징역 3년형에 처해 달라고 요청한다고 치자. 그걸 '구형'이라고 해.

최종변론과 최후진술

그럼 거기에 대해 변호인이 최종변론을 하게 돼. 죄를 지은 건 인정하지만 피고인에게도 참작할 만한 사정이 있었다고 얘기하는 거지. 화가 너무 나서 순간적으로 참을 수가 없었다거나, 배가 너무 고픈데 편의점 빵이 너무 맛있어 보였다거나, 술을 너무 많이 마셔서 제

정신이 아니었다거나 하는 여러 가지 이유가 있겠지. 그러니까 3년은 너무 심하니 줄여 달라거나 아니면 벌금을 내는 걸로 대신해 달라고 판사에게 부탁하는 거지.

마지막으로 판사는 피고인에게 할 얘기가 없냐고 물어봐. 피고인은 대개 정말 잘못했고 다시는 그런 일을 저지르지 않겠다고 약속하는 이야기로 마무리를 지어. 그럼 판사는 알았다고 하면서 재판을 끝내는 거야. 3주나 4주 정도 후에 판결을 선고하겠노라고 날짜를 알려 주고 말이야.

선고

그런 뒤에 판사는 선고를 하기 위해 검사가 작성했던 모든 수사 서류를 읽어 보고, 변호인의 최종변론, 피고인의 최후진술까지 고려해서 얼마만큼이나 벌을 줄지 결정하는 거야. 아주 간단한 절차라서 짧을 때는 10분 정도면 끝나기도 해.

선고합니다.

사실 시연이랑 예원이가 봤던 삼촌의 재판도 그런 거였어. 아주 간단한 음주운전 사건이었거든. 삼촌 의뢰인이 음주운전을 한 건 사실이었어. 분명히 잘못한 거지.

그런데 의뢰인이 음식점에서 친구들과 같이 있을 때, 집에서 아이가 다쳐서 병원에 가야 한다는 전화가 왔거든. 술을 많이 마신 건 아니라서 음주운전까지는 아니라고 생각했고, 급한 마음에 운전대를 잡은 거지.

죄를 지었다고 인정하고, 대신 그런 사정이 있었다는 사실을 증명할 만한 서류들을 내는 걸로 끝난 거야. 그러니까 시연이, 예원이도 재판을 오래 본 건 아니었지.

증거조사

피고인이 공소장의 내용을 인정하지 않고 검사의 주장을 틀렸다고 하고, 자신은 무죄라고 부인할 때가 진짜 재판이지. 변호인의 역할도 중요해지고 말이야. 검사가 수사한 내용을 법정에서 하나하나 되짚어 보면서 유죄인지 무죄인지 판가름하는 거야.

앞에서 말했던 절도 사건을 예로 들어 보자. 검사는 이상해 씨를 수사하면서 여러 가지 증거들을 모았을 거야. 건물 근처 CCTV에 이상해 씨의 모습이 찍힌 화면이 있다거나, 이상해 씨를 보았다는 목격자의 진술을 적은 서류가 있겠지.

범죄 현장인 사무실 사진도 있을 테고, 피해자가 노트북을 가지고 있었던 게 맞는지 확인할 수 있는 영수증도 냈을 거야.

그런 증거들 하나하나에 대해 인정할 건지 말 건지 법정에서 다투는 거야. CCTV 화면이 너무 흐려서 찍힌 사람이 이상해 씨라고 단정 짓기 어려울 수도 있겠지. 사무실 사진도 그 자체로 거기서 절도가 있었다는 증거는 될 수 없잖아? 사무실에 누군가 침입해서 여기저기 발자국이 찍혀 있고 어지러워져 있지 않다면 말이야.

영수증도 피해자가 노트북을 가지고 있었다는 증거만 될 수 있지, 노트북을 도둑맞은 건지 아니면 밖에 가지고 다니다 잃어 버렸는지는 증명할 수 없어.

이런 식으로 판사에게 여러 가지 다른 가능성을 주장하는 거야. 무죄인지 유죄인지는 결국 증거로 정해야 하니까.

어른들이 그런 얘기하는 거 들어 봤을 거야. 심증은 있는데 물증은 없다고. 판사도 사람이니까 선입견이나 편견을 가질 수 있거든. '저 사람은 얼굴도 험악하게 생겼고, 하는 일도 없으니까 틀림없이 범죄자일 거야.' 하는 식으로 말이야.

그랬다가 정말로 억울한 사람을 벌주면 안 되잖아. 그래서 틀림없는 증거가 없는 한 아무리 의심스러워도 유죄로 볼 수 없도록 해 놓았지.

> 증인신문

법정에서 그렇게 다투는 걸 '증거조사'라고 하는데 그중 가장 중요한 건 역시 '증인신문'이야. 범죄 현장을 봤거나 관련된 사실을 알고 있는 사람들을 법정에 불러서 묻고 답하는 거지. 검사가 증인들을 먼저 만나 수사를 하지만, 검사에게 한 얘기가 꼭 사실은 아닐 수 있

거든.

 이상해 씨가 노트북이 들어 있는 것처럼 보이는 가방을 들고 건물을 나서는 걸 봤다는 경비원 아저씨의 진술이 있었다고 치자. 하지만 말이야, 경비원 아저씨 얘기에 따르면 범인은 검은색 점퍼를 입고 있었는데, 정작 이상해 씨에게는 검은색 점퍼가 없다면 어떨까? 누군가 비슷해 보이는 사람을 혼동했을 수도 있잖아.

이런 것들을 밝히기 위해, 증인을 법정에 불러서 판사가 보는 앞에서 직접 얘기를 들어 보는 거지. 검사한테 했던 얘기를 믿을 수 없다면서 변호인이 증인으로 신청을 하는 거야. 그러니까 질문도 변호인이 먼저 시작하지.

피고인을 봤다는 시간이 몇 시였느냐, 몇 미터 거리에서 봤느냐, 혹시 어둡지는 않았느냐는 식으로 말이야. 증인이 검사에게 했던 얘기가 사실이 아닐 수 있다는 대답을 끌어내는 거지.

변호인이 묻고 나면 다시 검사가 반대로 질문을 해. 당연히 검사는 증인이 처음 자기에게 했던 얘기가 맞다는 쪽으로 끌고 가겠지. 이렇게 번갈아 가면서 묻고 답하는 걸 여러 번 반복하기도 한단다. 그 사이 판사가 뭔가 궁금한 게 생기면 직접 끼어들어 증인에게 물어보기도 하고 말이야.

복잡한 사건일 때는 한 사람에게 증인신문 하는 걸로도 반나절 넘게 걸리기도 해. 검사도 변호인도 상대방이 묻고 답하는 과정에 약점이 없는지 찾기 위해 신경을 바짝 곤두세우고 있다 보니까 끝나고 나면 아주 녹초가 될 때가 많지.

대신 변호인으로서의 능력을 가장 잘 보여 줄 수 있는 것도 증인신문 과정이야. 수사 내용 전체를 머릿속에 완전히 파악하고 있으면서, 증인 입에서 뭔가 앞뒤에 맞지 않는 말이 나오면 놓치지 않고 잡아내야 하거든.

혹시라도 그 과정에서 중요한 증인이 거짓말을 하고 있다는 사실이라도 밝혀내면 만세를 부르지. 피고인이 죄를 지었다는 검사의 주장이 알고 보니 증인의 거짓말 때문이었다는 거니까.

재판은 세 번의 기회

그런데 말이야. 삼촌이 지난주 오거리 사건에 대해 얘기했잖아. 어제 금요일에 그 사건 재판이 있었거든. 결론부터 말하자면 완전 대박이었어.

사실 수요일에 시연이랑 예원이가 왔는데도 법정에서 나오자마자 헤어진 이유도 회사에 들렀다 구치소에 가서 오거리 사건 피고인을 만나야 했기 때문이거든.

기억나지? 배달 아르바이트하는 청년이 택시기사님을 상대로 강도 짓을 했던 사건 말이야. 1심 재판에서 15년 징역형을 받았다고 했잖아.

아, 맞다. 그것도 설명을 해줘야겠구나. 우리나라에서 재판은 같은 사건으로 세 차례 받을 수 있다고 했잖아. 첫 번째 재판으로 만족하면 그만둘 수 있지만 그렇지 못하면 두 번, 세 번까지 재판을 열어 달라고 할 수 있다는 거지.

이유는 뭘까? 이것도 마찬가지야. 혹시라도 억울하게 죄를 뒤집어쓰는 사람이 없도록 하자는 거지.

재판 결과를 받아들일 수 없을 때 '항소'한다고 해. 마지막 세 번째 재판은 대한민국 최고 법원인 대법원에서 하는데 특별한 점이 있어. 두 번째 재판까지와는 달리, 법정에서 공개적으로 열리지 않아.

이전 재판까지 있었던 일이 기록된 서류만 보거든. 그동안의 재판이 법에 따라 공정하게 이뤄졌는지를 살펴보는 거야. 만약 뭔가 문제가 있다고 판단하면 다시 재판을 열라고 돌려보내는 거지.

오거리 사건 재판

다시 오거리 사건으로 돌아올까? 삼촌은 오거리 사건의 두 번째 재판을 시작한 거야. 구치소에서 피고인을 만나기 전에 기록을 꼼꼼하게 살펴봤는데 아무래도 뭔가 이상한 거야. 검사는 범행 시각이 10시 10분이라고 했는데 피고인은 여자 친구와 10시까지 통화를 했거든. 거기서부터 의문이 생겼지.

건너편의 다른 택시기사님이 피고인을 목격한 것이 10시 12분이었어. 수사를 했던 경찰은 피고인이 여자 친구와 전화를 끊고 5분 정도 지나서 택시기사님과 다투기 시작했고, 5분 정도 만에 범행을 마쳤다고 봤어.

  피고인이 택시 안을 정리하고 10시 12분에 다시 오토바이를 타고 떠나는 걸 건너편의 다른 택시기사님이 목격한 거고 말이야. 하지만 아무래도 시간이 너무 촉박하지 않냐? 흉기라는 칼에서 아무 흔적이 나오지 않은 것도 석연치 않았지.

  이렇게 의문을 품고 피고인을 만났는데 더 이상한 거야. 피고인이 자포자기한 듯이 아무 얘기도 하지 않았거든. 계속 다그쳤더니 "어차피 말해 봐야 믿어 주지도 않을 텐데 왜 귀찮게 하냐."라며 화를 내더라고.

  그때 바로 직감했지! 뭔가 이상하다고 말이야. 삼촌이 어렸을 때 공부는 열심히 안 했어도 추리소설은 벽처럼 쌓아 놓고 읽었거든. 엇? 지금 들은 건 잊어라. 공부도 열심히 하면서 책도 열심히 읽었으니까, 큼.

  삼촌이 이상한 점들을 들어 가면서 꼬치꼬치 캐물었더니 피고인이 갑자기 눈물을 글썽이는 거야. 자기는 죄를 짓지 않았다고 하면서 말이야.

  여자 친구랑 전화를 끊고 부지런히 오토바이를 타고 가는데, 택시가 길을 막고 서 있더라는 거야. 신호등이 파란불인데도 비상등을 켜지도 않은 채로 서 있었대.

  청년은 그냥 지나쳐 가려다 멈춰 서서 택시 쪽으로 가 보았대. 그런데 운전석에 기사님이 안 보이더라는 거야. 사실 기사님은 조수석 쪽에 쓰러져 있었어.

청년은 이상했지만 화장실이 급했나 보다 생각하고 다시 가던 길을 갔을 뿐이래. 칼은 가끔 음식을 주문하는 손님들이 찾는 경우가 있어서 배달통에 넣어 가지고 다녔다는 거야.

그럼 도대체 왜 죄를 지었다고 자백했느냐고 물었지. 이유가 기가 막혔어. 대학에 떨어지고 아무런 의욕도 없어진 데다 그날 여자 친구랑도 크게 싸웠다는 거야.

그러고는 갑자기 경찰서에 잡혀 왔는데 형사가 이런저런 증거를 내밀면서 너무 무섭게 얘기하더래. 자백하지 않으면 훨씬 무겁게 벌을 받을 거라고 겁을 줬다는 거지.

그래서 그냥 자기가 한 일이라고 말했다는 거야. 자백하고 용서를 받으면, 군대 가는 시간 남짓만 교도소에 있다 나오면 될 거라고 생각했다나. 15년형까지 받으리라고 상상도 못 했다는 거지.

황당하지? 삼촌은 화가 나더라. 스스로의 삶에 대해 너무 무책임하고, 너희보다 훨씬 형인데도 법에 대해 아무것도 모른다는 사실이 말이야.

이런저런 얘기를 더 들어 봤는데 거짓말을 하는 것 같지는 않았어. 게다가 이야기를 듣다 보니 잠깐 한눈을 팔아서 공부를 소홀하게 했을 뿐 피고인이 나쁜 사람도 아니더라고.

그래서 어떻게 했냐고? 뭘 어떻게 해. 죄를 짓지 않았으니 검사의 주장이 다 틀렸다고 했지. 1심 재판에서는 거짓으로 자백했다고도 덧붙였어. 간단한 절차로 끝날 줄 알았던 검사랑 판사의 눈이 동그래지더라. 하하하!

나도 변호사

  이제부터 삼촌은 자료를 거듭 살펴보면서 일을 아주 많이 해야 해. 무죄를 밝혀내려면 고생 좀 해야겠지. 우선 반대편에 있던 택시 기사님이랑 여자 친구에 대한 증인신문부터 해야 할 테고.

  어때? 삼촌 일도 도와줄 겸 너희라면 증인에게 무엇을 물어볼지 한 번 적어 볼래?

  그래, 무죄를 증명할 다른 증거는 어떤 것들이 있을지도 생각해 봐. 이 삼촌에게 얼마나 도움을 줄지 한번 기대해 보마!

  에휴, 벌써 머리가 지끈거리는구나. 그래도 억울한 한 청년을 구해야 하니 힘을 내야지, 이얍!

**오거리 사건의 증인들에게 물어볼 질문을 써 보고
청년의 무죄를 증명할 다른 증거도 찾아보자.**

열린 재판

법정 문을 열어 놓는 이유

너희는 말이야, 궁금하지 않니? 왜 방청석까지 만들어 놓고 모든 사람에게 법정을 공개하는지? 어, 그래, 거기. 씩씩하게 손을 들었네. 뭐라고? 여러 사건을 계속해서 재판하니까 재판 받을 사람들이 안에 들어와서 기다리기 편하라고?

그래그래, 네 말도 맞기는 해. 그런데 말이야. 그럼 지난주 수요일에 시연이랑 예원이도 뭔가 잘못해서 재판을 받으려고 간 거겠네? 뭐, 요즘 시연이가 말을 잘 안 듣는다고 하기는 하더라만, 크크크.

재판을 공개해서 볼 수 있도록 하는 건 말이지. 그렇게 작은 뜻을 가진 게 아니야. "재판의 심리와 판결은 공개한다."라고 헌법 제109조에 적어 놓았을 정도로 중요한 국민의 권리야. 이걸 '공개주의'라고 한단다. 그렇게 한 이유는 두 가지 정도가 있어.

우선 재판을 공정하게 하는지 국민이 언제든지 보고 들을 수 있어야 한다는 거야. 누구나 재판을 받을 수 있잖아. 재판은 한 사람 한 사람의 인생이 걸린 문제야. 그러니까 판사든 검사든 변호사든 법에

따라 충실하게 일을 해야 할 의무가 있어.

국민이 언제든 와서 지켜볼 수 있다고 해야 그만큼 긴장하고 제대로 일하겠지. 중요한 사건에 대해서 어떻게 재판을 하고 있는지 매일 뉴스에서 볼 수 있는 것도 기자들이 법정에 가서 자유롭게 취재할 수 있기 때문이야.

두 번째 이유도 중요한데, 재판을 공개해야 법이 실제로 어떻게 적용되는지 알 수 있잖아. 법의 주인은 어디까지나 국민이야. 그 내용도 잘 알아야 하겠지. 원하는 사람이라면 쉽게 보고 배울 수도 있게 재판을 공개하는 거야.

삼촌이 오거리 사건의 피고인에게 화가 난다고 했잖아? 어떻게 그렇게 자기 권리에 대해 잘 모르고 있었는지 말이야. 남이 알아서 다 해 주기를 바라는 건 주인의 자세가 아니야.

스스로 무슨 의무가 있는지, 무슨 권리가 있는지 알아야 할 책임이 있는 거지. 국가는 그걸 쉽게 할 수 있도록 돕는 거고. 법정 문을 열어 놓고 말이야.

구두변론주의와 직접심리주의

공개를 한 상태에서 어떻게 재판을 진행하는지도 원칙이 있어. 구두변론주의라니 말이 좀 어렵지? 아빠들이 신는 그 구두가 아니야. 법정에서 '말'로 각자 하고 싶은 얘기를 할 수 있게 하고, 판사는 그걸 직접 듣고 판단한다는 거지.

변호사들은 서류 더미에 묻혀 살아야 한다고 했지만 그걸로 재판까지 끝낼 수는 없어. 서류들은 어디까지나 재판을 빠르고 정확하게 하기 위한 준비인 거지. 서류만으로 재판하면 위험한 일이 벌어질 수 있거든.

한번 볼까? 저기 빨간 옷이 검사한테 수사를 받는다고 치자. 검사가 갑자기 빨간 옷에게 지난밤 편의점에서 삼각김밥을 훔쳐 갔냐고 물어보는 거야. 그러지 않았는데 말이지. 억울하겠지?

빨간 옷이 놀라서 눈을 동그랗게 뜨고 되물을 수 있지. "제가 훔쳤다고요?"라고 말이야. 그런데 검사가 이 말을 컴퓨터로 받아 적으면서 실수로 물음표를 뺀 거야. 그럼 "제가 훔쳤다고요."라고만 쓰이겠지. 마치 도둑질한 걸 자백한 것처럼 되는 거야.

판사가 그 내용을 모르고 글로만 적힌 서류만 보고 재판을 하면 어떻게 되겠냐? 절도죄로 유죄 판결을 내릴 거야. 그래서 중요한 사항은 반드시 법정에서 직접, 자기 입으로 말하도록 재판을 하는 거야.

이런 걸 '구두변론주의'라고 하고 '직접심리주의'라고 불러. '말'이라고 하지만 표정이나 몸짓으로도 많은 얘기를 하거든. 그걸 놓치지 말아야지.

국민참여재판

잘생기고 말 잘하는 이 삼촌이 제일 좋아하는 재판 절차를 알려줄게. 미국 영화나 드라마를 보면 법복을 입은 판사 옆에 일반 시민들이 앉아 있지 않던? 변호사도 그 사람들 앞에서 사건을 설명하고 말이야. 이 사람들을 '배심원'이라고 부르는 걸 들어 본 친구들도 있을 거야.

검사와 변호사가 유죄다 무죄다를 다투면서 주장을 하면, 누구 말이 옳은지는 배심원들이 정하는 거야. 판사는 배심원들이 올바른 선택을 할 수 있도록 돕는 거지. 스포츠 경기에서의 심판처럼 말이야. 검사와 변호사가 법이 정한 절차에 따르도록 감독은 하지만 직접 결론을 내리지는 않아.

　우리나라에서도 어떤 종류의 사건들은 배심원들이 유죄, 무죄를 정하도록 하고 있어. 이런 재판을 '국민참여재판'이라고 부른단다. 단순히 재판을 공개하는 데서 끝나는 게 아니라 국민이 판단까지 하도록 한 거지. 법률 전문가도 아닌데 어떻게 재판을 하냐고? 그게 중요한 거지.

　사건에 대해 충분히 알아들을 수 있도록 검사, 변호사가 설명을 해야 하거든. 재판을 공개만 하면 뭐해? 어렵지 않게 설명까지 해 줘야 법을 알 수 있는 기회가 되지.

　그런 다음 배심원이 직접 판단을 하니까, 보다 많은 사람이 결론에 대해 수긍할 수 있어.

　그래, 지금 너희가 고개를 끄덕이는 것처럼 말이야. 크크. 너희도 커서 배심원으로 직접 재판을 해 볼 기회가 있으면 좋겠구나. 삼촌의 멋진 변론을 직접 볼 수 있게 말이야.

4

여러 가지 재판의 종류

오랜만이다, 얘들아. 우리 3주, 아니 4주 만에 만나는 거지? 이 삼촌을 많이들 보고 싶어 했을 텐데 말이야. 미안해. 오거리 사건 때문에 너무 신경이 쓰여서 마음 편히 너희랑 만날 엄두가 안 나더라고. 에고, 이러니 내가 연애를 못 하지. 그렇지 않으면 이 멋진 삼촌이 왜 아직도 혼자이겠어. 그치? 뭐, 딱히 동의하는 표정들이 아니네. 좋다, 아직 어려서 못 알아보는 거겠지. 재판 얘기나 하자, 흥!

오거리 사건의 증인신문

결론부터 얘기하자면 완전 대박이었다! 증인신문에서 판사를 충분히 설득했고, 우리에게 유리한 새로운 증거도 찾았거든. 내 경험상 무죄 판결이 나올 거라고 확신해. 판결 나온 다음에 아이스크림 한 번 더 쏠게.

자, 들어 봐. 바로 엊그제 금요일에 증인신문을 했거든. 먼저 피고인의 여자 친구, 그리고 길 건너편 반대 방향에서 피고인을 봤던 다른 택시기사가 증인으로 나왔어.

여자 친구가 경찰 조사를 받으면서 피고인으로부터 '오거리를 지나 데리러 가겠다.'라고 들었다는 건 사실이었어. 그런데 앞서 말했듯이 그때가 10시 무렵이었는데 경찰은 사건 발생 시각을 10시 10분 정도로 보고 있었거든.

거기서부터 내 궁금증이 시작됐다고 했잖아. 여자 친구랑 통화하고 10분 만에 범죄를 저질렀다는 건 아무래도 이상하잖아? 거기다 경찰이 작성한 서류에는 여자 친구가 피고인을 만났을 때, 피고인이 상당히 흥분해 있었다고 적혀 있었거든. 경찰은 범죄를 저지른 직후라서 그랬을 거라고 추측하고 있었고 말이야.

하지만 그게 아니었어. 둘이 처음 만났을 때는 피고인의 상태가 멀쩡했던 거야. 흥분한 건 둘이 말다툼을 하는 바람에 화가 나서 그런 거였어.

여자 친구는 피고인이 배달 아르바이트만 하면서 낮에 나쁜 친구들이랑 어울리는 게 싫었다는 거야. 대학에 가거나 기술을 배워 다른 직업을 찾을 생각도 하지 않고 말이야.

이런 말을 하다가 둘이 아주 크게 싸웠고, 피고인은 세상일이 다 싫은 마음이 되었던 거지. 그래서 형사가 무섭게 말하면서 이런저런 증거들을 들이밀자 자포자기하는 심정으로 자기 짓이라고 한 거야. 결과만 놓고 말하니까 쉽지만 이런 얘기들을 법정에서 밝혀내는 일은 쉽지 않아. 이 삼촌이니까 할 수 있었던 거지!

길 건너편 택시기사도 특별히 중요한 걸 보지는 않았더라고. 그냥 피고인이 사건이 일어났던 택시 쪽에 오토바이를 세우는 걸 봤을 뿐이었어. 그런데 말이지. 여기서 중요한 실마리가 나왔어.

이 택시기사는 화장실에 다녀오느라고 꽤 오래 차를 세워 뒀다는 거야. 근데 사건이 일어난 길 건너편 택시가 처음부터 거기 있었다는 거지. 화장실에 다녀와서 다시 차를 운전하기 시작했을 때 피고인을 봤고.

그때가 정확하게 10시 12분이었어! 어떻게 아느냐고? 요즘은 손님이 스마트폰으로 택시를 부르잖아. 메시지가 찍힌 시각이 있을 거 아니야. 택시기사님이 법정에서 스마트폰을 바로 꺼내 보여 주는데, 그 기록이 그대로 남아 있었던 거지. 완전 소름! 짧지 않은 변호사 생활에 그렇게 짜릿한 순간은 없었어!

증인인 택시기사 말에 따르면, 처음부터 길 건너편에 택시는 서 있었지만, 피고인은 한참 후에 왔다는 거잖아. 범행 시각이라는 10시 10분에는 현장에 없었다는 거야.

무기대등의 원칙

다시 차근차근 설명을 해 주자면, 피고인은 아주 잠깐 오토바이를 세우고 사건의 택시를 봤을 뿐이라는 거야. 택시기사를 해치고 돈을 뺏을 만한 시간이 없었다는 거지.

왜냐하면 피고인이 여자 친구네 가게에 도착한 게 10시 20분을 조금 넘긴 시각이었거든. 오거리에서 12분 무렵에 출발을 해야 가능한 일이지.

여자 친구는 계속 시계를 보면서 기다리느라 정확하게 기억하고 있다고 했어. 물론 기억만으로 증거가 될 수는 없지. 여자 친구네 가게 입구에 달린 CCTV 시간을 확인해 달라고 법원에 요청을 했어.

결론적으로 피고인은 10시에 여자 친구에게 전화를 하자마자 출발했고, 길에 서 있는 택시가 이상해서 잠깐 멈췄지만 곧장 가던 길을 갔다는 거지. 범행을 저지를 만한 시간이 없었던 거야. 다른 사람이 범인이겠지.

검사가 제출했던 증거들 중에는 결정적인 게 하나도 없었던 거지. 검사가 주장하는 피고인의 범죄 시각도 믿을 수 없잖아. 형사재판에서는 피고인이 죄를 지었다는 사실을 의심할 여지가 없을 만큼 증명해야 하거든.

그렇지 않으면 어떻게 된다고 했지? 의심스러울 때는 피고인의 이익으로 봐야 한다고 했었지. 무죄라는 거야.

형사재판에서 변호사의 역할은 바로 이렇게 검사의 주장을 의심스럽게 만드는 거야. 진범이 누구인지를 밝혀내는 일은 경찰과 검찰의 몫이지. 뭔가 불공평하지 않느냐고? 그렇지 않아.

대한민국에 검사는 2000명 정도이고 경찰관은 10만 명이 넘어.

무기대등의 원칙

모두가 수사 전문가이고 법률 전문가이지.

그 어떤 사람이 피고인이라고 할지라도 그들과 비교할 수 있는 수준은 아니잖아. 한쪽에는 총과 대포가 있는데 반대쪽에선 칼과 화살로 맞서는 꼴이야. 그래서 변호사의 도움을 받을 수 있는 권리를 주는 거야.

하지만 그것도 한계가 있지. 이 삼촌이 아무리 뛰어난 변호사라고 해도 혼자 아니면 2~3명 정도의 다른 변호사들과 함께할 뿐이니까. 공평하기 위해 검사에게 더 무거운 책임을 지우는 거야. 이런 걸 '무기대등의 원칙' 혹은 '무기평등의 원칙'이라고 부른단다.

다양한 법률의 종류

 모든 재판을 그렇게 하냐고? 그럴 리야 있겠어. 그러고 보니, 마침 중요한 지적을 해 줬구나. 삼촌이 형사사건을 주로 맡다 보니 형사재판 얘기만 많이 했네. 물론 변호사가 재판을 준비하는 기본적인 흐름은 다 비슷하지만 재판의 종류에 따라 약간씩 차이가 있거든.

 먼저 법률 전반에 대해서 어느 정도는 알아야 재판의 종류에 대한 설명을 알아들을 수 있겠지? 일단 말이야, 대한민국에 법이 대충 몇 개쯤이나 있을 것 같아? 어차피 정답은 모를 테니 생각나는 대로 한번 말해 봐. 10개라고? 십계명처럼? 그렇게 간단하다면 변호사가 왜 필요하겠냐, 크크크.

 100개? 그냥 10배 곱한 거지? 뭐라고? 10만 개! 너무 많으면 어떤 일에 어떤 법을 적용해야 하는지도 모르지 않을까? 답은 말이지, 5000개가량이야. 어때, 이것도 생각보다 훨씬 많지? 법이 왜 그렇게 많아야 할까?

 우선 최고 법은 헌법이야. "대한민국은 민주공화국이다. 대한민국의 주권은 국민에게 있고, 모든 권력은 국민으로부터 나온다."는 헌법 제1조인데 아마 많이 들어 봤을 거야.

 이처럼 대한민국이 어떤 나라이고, 국민을 위해 어떻게 나라를 꾸려 가야 하는지 정해 놓은 게 헌법이야. '정부, 국회, 법원'처럼 대한민국을 운영하는 조직을 만든 방법이나 '자유, 평등'처럼 국민이라면 누구나 누릴 수 있는 권리 같은 것들을 밝히고 있지.

그런데 너무 큰 원칙이다 보니 헌법만 가지고는 부족했어. 예를 들어, 공부를 잘해야겠다고 목표를 세웠다고 치자. 그것만으로 끝이 아니잖아. 구체적으로 어느 과목을 공부할지도 정해야지, 더 나아가서 하루에 과목별로 몇 시간씩 공부할지, 쉬는 시간엔 체력 단련을 위해 무엇을 할지처럼 아주 구체적인 목표가 필요할 수도 있지.

그런 식으로 헌법에서 밝힌 원리를 실현하기 위해 필요한 법들을 만들었던 거야. 헌법에는 모든 국민이 능력에 맞게 교육을 받을 권리를 가진다고 했어. 그 권리를 보장해 주기 위해 법률로 교육기본법을 만들었지.

조금 더 구체적으로 초등학교 교과과정 등을 어떻게 만들지 정하려고 초·중등교육법이 생겼고, 교육부 장관이 그때그때 필요에 따라 법을 보충하는 내용을 더하기 위해 시행령이라는 것도 필요하게 됐지. 계급을 붙인다면 헌법, 법률, 시행령 순서이겠네.

거기에 우리나라는 지역 사정에 따라 필요한 일들을 각자 결정할 수 있도록 하는 지방자치제도를 채택하고 있어. 각자의 시, 도에 맞게 만들어진 법은 조례라고 부른단다.

이렇게 여러 분야에서 몇 단계를 거치다 보니 모두 합쳐 법이 5000개가량이나 된 거야. 뭐 그렇다고 너무 겁을 먹을 필요는 없어.

비밀 하나 알려 줄까? 이 삼촌조차 그 법들을 다 본 적은 없어. 크크. 삼촌뿐만 아니라 대한민국 어느 변호사도 마찬가지야.

민사와 형사

법률 전문가란 법을 구성하는 원리를 잘 이해하고 있으면서, 자기가 맡은 사건에 어떤 법률을 어떻게 적용하는 것이 옳을지를 찾는 사람이지, 무조건 법률만 달달 외우고 있는 사람은 아니야. 암기는 컴퓨터가 훨씬 잘하겠지?

가장 큰 원리는 헌법이라는 대한민국 최고 원칙이 있고, 그 아래 민사와 형사가 나눠져 있다는 거야. 민사라는 것은 어떻게 구별해야 할까?

대한민국에는 많은 사람이 여러 가지 일을 하면서 살고 있잖아. 그 사람들끼리 엉키지 않고 서로 편리하게 살 수 있도록 정한 약속이 있단다. 그런데 만약 그 약속을 일부러 어기는 것처럼 질서를 파괴할 땐 어떻게 할 것인지를 정한 약속도 따로 있다고 보면 될 것 같아.

자동차를 예로 들어 보자. 자동차를 이용하면 아주 편리하잖아? 이때 자동차를 사고파는 일은 민사의 영역이야. 그런데 누군가 인도로 차를 몰고 들어와서 사고를 일으키면 벌을 주어야 하지. 이건 형

사의 영역이야.

어때? 대충 알 것 같지? 애들아, 고개 좀 끄덕여 봐라. 그래, 민사에 관해서는 조금 더 자세하게 알아보자.

민사에 관한 법

민사란 개인과 개인 사이의 관계를 가리키는 거야. 누군가 민사에 관한 법이 무엇이냐고 묻는다면, 삼촌은 믿음이라고 말할 거야. 우리는 참 많은 사람과 어울려 서로 의지하며 살고 있거든. 자, 너희를 한번 살펴보자. 엄마, 아빠 혹은 보호자가 되는 분들이 잘 돌봐 주니까 너희가 그렇게 뽀송뽀송한 얼굴에 말끔한 옷을 입고 앉아 있지.

그런데 부모님은 집안일도 돌보시지만 밖에 나가 돈을 벌어 오시기도 하지. 물건을 파는 일을 하실 수도 있고, 자기가 잘하는 일을 회사나 다른 사람에게 제공할 수도 있어. 그런데 버스나 지하철 기사님들이 일터까지 데려다 주니까 일하러 나가는 게 가능할 거야.

일하는 공간에 도착했다 치자. 그곳도 또 다른 누군가로부터 사용 허락을 받은 건물일 거야. 집에 돌아오는 길에 너희에게 줄 간식거리를 살 수 있는 건 마트나 편의점을 운영하는 사람이 있기 때문이고.

마치 커다란 시계의 톱니바퀴처럼 서로의 빈 곳을 채우며 조금도 어긋나지 않고 세상이 굴러가는 거야. 모두 서로 믿고 의지하면서 말이야.

우리가 너무나 당연하게 여기기 때문에 느끼지 못할 뿐이지, 이 모든 일이 법에 따라 이루어지고 있단다. 조금 전 말한 부모님의 일상생활을 법으로 어떻게 말할 수 있는지 들어 봐. 교통수단을 이용하는 운송계약, 일을 하고 급여를 받는 고용계약, 월세를 내고 건물을 사용하는 임대차계약, 물건을 사고파는 매매계약이 있었던 거야.

'계약'이란 쉽게 말해 서로 약속을 하는 건데, 그 약속을 안 지키면 어떤 일이 벌어질까? 간단해. 출근을 해야 하는데 버스가 안 오면 나가서 일을 할 수 없지. 직장생활을 하는데 월급을 못 받으면 다음 달부터 식구들이 밥을 못 먹을 수 있어. 너희가 받는 용돈은 고사하고 말이지.

　장사를 하는데 건물 주인이 갑자기 가게를 비워 달라고 해도 마찬가지겠지. 그런 일이 생기지 않도록 서로가 서로를 믿으면서 살 수 있는 원리를 법으로 정해 놓은 게 민사에 관한 법이야. 민법이 기본이지만, 조금 더 특별한 분야를 다루는 법이 있기도 해. 사업하는 사람들을 대상으로 한 상법처럼 말이야.

민사재판

　민사재판은 그런 약속들이 제대로 지켜지지 않았을 때 법정에서 서로 다투는 거야. 간단하게 한마디로 '약속'이라고 하지만, 그 속을 들여다보면 엄청 복잡한 것들이 많거든. 이를테면 음식점을 운영하기 위해 가게를 빌린다고 해 볼까?

　실내를 어떻게 꾸미느냐에 따라 원래 건물 모양을 바꿀 수도 있는데 이럴 때 어떻게 허락을 받아야 할지 상의해야 해. 공사하는 동안 주변 다른 가게에 방해를 주지 않기 위해 어떻게 할지도 정해야 하지. 파는 음식에 따라 냄새가 유별날 수도 있으니까 그건 또 어떻게 처리할지 생각해야 해. 손님들이 건물 주차장을 얼마만큼 쓸 수 있도록 할지, 장사를 그만두고 가게를 비워 줄 땐 어떻게 할지, 정해야 할 약속들이 줄을 잇는 거야.

　그런 수많은 약속들 중 하나라도 지켜지지 않고, 이를 서로 풀어내지 못하면 법원으로 가는 거야. 어느 쪽 잘못이라고 봐야 할지, 돈으로 손해를 따지면 얼마나 되는지, 만약 물어내지 않으면 어떻게 할지 법원의 결정에 따르는 거야.

　아주 간단한 사건이라면 변호사가 필요 없을 수도 있어. 하지만 문제가 복잡하거나 어느 한쪽이 물어 줘야 할 돈이 아주 많다면 변호사를 찾는 거야.

얽히고설킨 각자의 사정이 있으니 어느 법을 어떻게 적용하는 게 맞는지 법률 전문가가 아니면 모를 때가 많거든. 사람은 누구나 자기 입장에서 생각하기 마련이니까 혼자서는 상황 판단을 정확하게 할 수 없을 때도 많고 말이야.

쉬운 사례를 하나 생각해 볼까? 누군가에게 돈을 꿔 줬는데 돌려주기로 한 날까지 갚지 않는 거야. 그래서 법원에 가서 돈을 받아 달라고 요청을 했어. 그렇게 먼저 재판을 요구한 쪽을 '원고'라고 불러. 그럼 법원은 상대방을 불러서 원고가 이러저러한 주장을 하는데 어떻게 된 일이냐며 묻지. 원고의 반대편을 '피고'라고 불러.

양쪽 얘기를 들어 봤는데 원고의 주장이 맞다면 돈을 갚으라고 판결을 하겠지. 갚지 않으면 법원은 피고의 다른 재산을 강제로 빼앗아서 원고에게 줄 거야. 사람들끼리 정하는 약속과 법원이 판결로 명령하는 약속에는 차이점이 있는 거지.

그런데 민사재판은 형사재판과 달리 양쪽이 다 일반 국민이잖아. 그래서 자기주장이 옳다는 걸 증명해야 하는 책임도 양쪽에게 똑같이 있어. 뭐야, 이 멍한 표정은? 자, 다시 들어 봐. 형사재판에서는 피고인이 죄를 지었다는 걸 검사가 증명하고, 검사의 주장이 확실하지 않다고 만드는 일은 변호인이 했어.

하지만 민사재판에서는 그렇지 않아. 돈을 빌려줬으니 갚아야 한다고 원고가 주장하려면 은행에서 송금한 내역이나 차용증 같은 걸

　로 증명을 해야 해. 피고도 말로만 갚았다고 하면 안 되고 돈을 돌려주면서 받은 영수증 같은 걸 판사에게 내야 하지. 증명할 책임이 양쪽에 똑같이 있는 거야.

　어느 쪽이든 증명을 하지 못하면 불리한 판결을 받는 거야. 특히 이 부분에서 변호사의 역할이 중요해. 원고와 피고는 아무래도 어떤 주장을 하는 것이 유리한지, 주장에 필요한 증거는 무엇인지를 잘 모르기 마련이거든.

  참고로 민사재판이 이루어지는 법정은 그 구조도 형사법정과는 달라. 판사를 마주 보면서 원고, 피고가 나란히 앉는단다. 형사재판의 법정처럼 방청석과 재판하는 곳을 나누는 칸막이도 없어. 물론 감옥에 가기 위해 끌려가야 하는 작은 문도 없단다.

그 밖의 다양한 재판들

  형사재판와 민사재판이 일반적인 분야라면 특별한 분야의 재판들이 따로 있지.

  민사의 영역이지만 가정에서 벌어지는 여러 가지 일은 가정법원에서 재판을 해. 살아가다 보면 어른들에게는 복잡한 사정이 생길 수도 있단다. 꼭 서로 싫어져서가 아니더라도 더 이상 부부로 함께 살아가기 어려워서 헤어져야 할 수도 있어. 그럴 때 어린 자녀들이 있다면 누가 어떻게 키울지, 함께 살아가면서 모은 재산은 어떻게 나눌지 법원의 도움을 받는 거야.

  과학기술이 빠르게 발전하다 보니까 일반 법률 지식만으로는 해결하기 어려운 일들이 생기기도 해. 대표적으로 기업들끼리 고도의 기술에 대해 누가 권리를 가지는지 다투는 특허법원이 있어.

도로를 뚫는 것처럼 국가가 어떤 일을 하면서 주변 국민들의 생활에 크나큰 영향을 끼칠 수 있지. 그럴 때 생기는 문제를 다루는 곳은 행정법원이야.

그리고 믿기 어렵겠지만 법률이 잘못 만들어질 때도 있단다. 법은 국회에서 만드는데 국회의원들도 사람이잖아. 그들 역시 실수할 때가 있거든.

법이 옳은지 그른지 가리는 기준은 뭘까? 최고 법이 헌법이라고 했잖아. 헌법과 맞지 않는 법이라면 잘못됐다고, 헌법재판소에서 결정하는 거야.

그럼 헌법도 잘못됐다면? 국민 전체가 나서서 국민투표로 바꿔야지. 법의 주인은 국민이니까. 그리고 대한민국의 주권은 국민에게 있으니까.

어린이들과 법

미성년자는 제한능력자

어떠냐? 이 삼촌이 헌법을 말하니까 한 편의 연설을 들은 것처럼 가슴이 뭉클하지? 국민이 나라의 주인이라는 건 당연한 일이 아니야. 우리나라도 군인들이 총칼로 나라를 다스린 시절이 있었잖아.

그럴 때 삼촌 같은 변호사들이 나서서 헌법에 따라 국민의 권리를 지키기 위해 얼마나 노력했는지 몰라. 변호사가 인권을 지키는 일은 형사재판에서뿐만이 아니었던 거지. 하긴 법 없이 사는 너희가 이 삼촌의 끓어오르는 가슴을 얼마나 이해하겠냐마는.

어라? 어째 자존심들이 좀 상한 모양이다. 큭큭. 그렇지, 너희는 변호사라는 직업에 관심을 가질 만큼 생각이 깊은 녀석들이니까.

근데 너희가 법 없이 산다고 한 건 거짓말이 아니야. 법은 사람들 사이의 약속이잖아. 그런데 너희는 그런 약속을 할 수가 없어! 법률 용어로는 '제한능력자'라고 부른단다. 할 수 있는 일을 제한한다는 거지. 물론 친구들끼리 뭘 하고 놀지 정하는 거야 할 수 있지. 여기서 '약속'이란 법적으로 책임을 져야 하는 약속을 가리키는 거야.

민법은 미성년자 혼자서는 거래를 할 수 없고 반드시 부모님이나 법률상 보호자가 동의해 줘야 한다고 정해 놨어. 여기 오는 길에도 군것질거리를 샀는데 무슨 소리냐고? 실은 그런 일도 미리 부모님 허락을 받았기 때문에 가능하다고 보는 거야. 학용품처럼 너희의 일상생활에 필요한 소소한 것들만 그렇게 봐주기로 한 거지.

만약에 말이야. 부모님에게 받은 용돈을 차곡차곡 모아서 정말 큰돈을 만들었다고 치자. 그래서 허락도 없이 혼자 가서, 이 삼촌이 쓰는 것보다 비싼 최신형 스마트폰을 덜컥 샀어. 그럴 수 있을 거 같니? 안 돼! 부모님이 매장에 가서 아이가 허락 받지 않고 산 물건이라고 한마디만 하면 바로 구매가 취소돼.

다른 이유는 전혀 필요 없어. 너희가 부모님 허락을 받고 왔는지 확인하지 못한 매장 사장님이 잘못한 일이라고 보는 거지. 녀석들, 눈이 동그래지는구나.

더한 얘기를 해 줄까? 설날 같은 명절에 할아버지, 할머니, 친척들에게 용돈 받잖아. 그걸 부모님들이 통장에 보관해 준다고 가져가시고. 만약에 그 돈을 돌려 달라고, 내 돈이니 내 마음대로 쓰겠다고 할 수 있을까? 못 해! 부모님에게는 친권이라는 권리가 있어서 너희가 어른이 될 때까지 재산을 대신 관리할 수 있거든.

자, 흥분들 하지 말고 삼촌 얘기를 마저 들어 봐. 원망스럽게 들리겠지만 사실 민법은 너희를 보호하려고 이런 제한을 두는 거야. 만

약에 너희가 법적으로 효과가 있는 약속을 할 수 있다고 한다면 어떤 일이 벌어질까?

　좋지 않은 어른의 꼬임에 넘어가서 덜컥 감당할 수 없는 약속을 할 수도 있어. 돈은 천천히 나중에 나눠서 내도 된다는 말에 속아 넘어가서 멋진 옷이나 최신 전자제품을 사겠다고 해 버릴 수도 있지. 그런데 약속을 지킬 수 없으면 법원이 어떻게 한다고 했지? 다른 재산을 강제로 빼앗을 수 있다고 했잖아.

　그러니 이런 경우에 너희 이름으로 만든 통장에 든 돈을 빼 갈 수도 있다는 거야. 어른의 경우에는 회사에서 나오는 월급을 대신 받아 가기도 하거든. 엄청 많은 이자까지 덧붙여서 요구할 수도 있을 거야. 이런 일을 당하길 원해? 아닐 거 아니야.

형법상 책임무능력자

비슷한 원리가 형법에도 있어. 이 중에 만으로 14세 넘은 친구 없지? 그럼 너희 모두 '형법상 책임무능력자'란다. 쉽게 말해 아무리 나쁜 짓을 해도 형법으로 벌을 줄 수 없다는 거지. 이건 아마 좋게 들릴 거야.

너희가 아직 어리기 때문에 자신이 하는 일이 얼마나 나쁜 결과를 낳을지 알기 어렵다고 봐서 특별히 용서하는 거야. 설령 진짜 나쁜 마음을 먹고 했더라도, 그렇게 잘못된 행동을 하도록 잘못 키운 어른들의 책임이라고 보는 거지.

물론 그렇더라도 10세가 넘었다면 '소년법'에 따라 형법과 비슷한 '보호처분'이란 걸 받아. 아무리 죄가 무겁더라도 어른들이랑 같은 감옥에 가둘 수는 없잖아. 벌을 주려는 목적보다는 잘못을 뉘우치고 새로운 어린이로 거듭나도록 가르치는 것을 더 강조하지.

그리고 만약 너희의 잘못으로 피해를 입은 사람이 있다면 부모님이 모두 대신 물어내야 한단다. 음, 그러고 나면 엄마, 아빠가 가만히 계시지는 않겠지? 그러니까 법 없이 살 수 있다면서 신나 하지 말고, 삼촌이 해 준 얘기를 똑똑히 기억해 두는 게 좋을 거야.

5

변호사가 하는 여러 가지 일

어서들 와. 어라? "우우우!"라니. 아, 삼촌이 정장 차려 입은 걸 처음 보는구나. 하하, 감탄할 만하지. 다리만 조금 더 길었더라면 모델로 나섰을 텐데, 쩝. 그런데 시연이 너마저 그런 표정 지을 거야? 삼촌이라고 맨날 법원 갈 때처럼 칙칙한 양복만 입는 게 아니야. 오늘 법학대학원 때 같은 반이던 여자 변호사 결혼식이 있었거든. 여전히 예쁘더라.

헉, 아니 아니, 삼촌이 좋아했다거나 그런 건 아니야! 삼촌이 좋아했던 친구는 국제연합(유엔)에 취직하는 바람에 뉴욕에서 일하고 있단 말이야! 헉, 내가 지금 무슨 소리를 하고 있는 거지? 아니 뭐, 삼촌도 누굴 좋아할 수 있잖니. 그렇게 신기하다는 표정까지 지을 필요 있냐? 엥, 그게 아니라, 변호사가 유엔에도 가냐고? 그게 궁금하다고? 나 오늘 왜 이러냐, 에휴.

전문 영역을 다루는 변호사

그래, 말 나온 김에 오늘은 변호사들이 하는 여러 가지 일들에 대해 얘기해 볼까 봐. 변호사라고 하면 삼촌처럼 재판을 하는 변호사만 떠올리기 마련이지. 하지만 그 밖에도 여러 영역에서 일할 수 있어. 우선 재판을 업무로 하는 변호사들부터 각양각색이란다.

삼촌은 형사 관련 사건을 주로 다루지만 보다 좁은 분야에서 전문성을 가지고 일하는 변호사들도 있어. 대한민국의 법률이 5000개가량이라고 한 것 기억하지? 법으로 정해 놓은 분야가 그만큼 다양하다는 얘기야. 그중에 어떤 것들은 법에 관한 전문 지식만으로는 부족한 경우도 있단다. 음, 어떤 걸 사례로 들어야 할까?

맞다. 법학전문대학원 동기들 중에는 이미 특별한 경력을 가지고 법 공부를 시작한 사람들이 있었거든. 그중에 의대를 나온 형이 있었어. 공부하다 너무 지치면 그 형한테 가서 혹시 몸이 아픈 건 아닌지 물어보았던 기억이 나네, 하하. 워낙 착한 사람이라 싫은 소리 하지 않고 도움말을 주곤 했는데, 사실 어디가 어떻다고 말을 해 줘도 알아먹기 힘들 때가 많더라고.

너희도 그렇지 않니? 병원에 가면 의사 선생님이 "목이 부었구나." 하면서 병 이름이 뭔지 얘기해 주시지만, 그 다음에 처방전에 써서 주시는 건 도대체 무슨 글자인지도 모를 정도잖아. 약국에서 약을 받으면 어떤 성분인지 씌어 있기는 하지만 솔직히 그게 뭔지 알게 뭐야. 그런데 혹시라도 의사의 치료나 약사의 조제가 잘못됐으면 어떡해? 일부러 그럴 리야 없지만 그분들도 사람이니까 실수할 수 있잖아.

그런 일이 생기면 의료분쟁 소송을 해서 알아봐야 하거든. 맨 먼저 찾아봐야 하는 게 진료 기록, 간호 기록지처럼 병원 치료를 하는 과정에서 만들어진 서류들이야. 환자가 왔을 때 어떤 상태였는지, 무슨 병이라고 진단을 내렸는지, 수술이나 약 처방을 어떻게 내렸는지 시간별로 적어 놓아야 하거든.

그걸 보면 지금의 의학 수준에 비춰 제대로 치료를 했는지 짐작해 볼 수 있지. 다른 병원에서 한 번 더 진료를 받아 봐야 할 수도 있어. 처음 치료했던 병원에서 했던 진단과 전혀 다른 얘기를 한다면 뭔가

문제가 있다고 볼 수 있겠지.

그런데 말이야. 그런 서류들을 가지고 와도 의학 지식이 없는 한 도대체 뭔 소리를 써 놓은 건지 알 수가 없을 거잖아. 생각해 봐. 이 삼촌만큼이나 공부를 많이 하는 사람들이 의과대학에서 6년을 거쳐야 의사가 되잖아. 그런 사람들끼리 주고받는 말을 이해하려면 역시 그 정도의 공부를 해야 한다는 뜻이지.

물론 의사 출신이 아니지만 의료소송을 하는 변호사도 있어. 근데 그분들은 일반적인 민사사건, 형사사건은 잘 다루지 않는 편이야. 왜? 의료소송에 대해 공부해야 할 게 워낙 많으니까.

의료소송만큼 전문적인 지식을 필요로 하는 건 아니더라도 특정 분야만 다루는 변호사들이 있어. 교통사고소송을 생각해 볼 수 있겠구나. 워낙 우리 주변에서 많이 일어나는 일이니까 해야 할 일들이 많거든.

비슷한 경우들을 여러 차례 다루다 보면 아무래도 노하우가 쌓이지. 소송에서 좋은 결과를 낼 가능성이 높아질 수밖에 없어. 일을 맡기는 의뢰인 입장에서도 더 믿음이 갈 수 있겠지. 물론 그렇게 해서 이름을 널리 알릴 때까지는 시간이 걸리지만 말이야.

변호사 숫자가 늘어나면서 자기만의 전문 영역을 찾으려는 노력들도 많이 한단다. 정보통신 기술이 발달하면 그 부분의 법률을 열심히 공부해서 자기만의 영역을 개척하는 식이지. 세상은 날이 갈수록 달라지니까 거기에 맞춰 변호사들도 열심히 공부하며 따라가는 거야.

부동산, 금융처럼 경제와 관련한 분야, 영화, 드라마, 가요 같은 문화 산업과 관련한 분야, 스포츠 스타들과 관련한 여러 가지 일들도 있을 수 있단다.

피해자를 돕는 변호사

예전과 비슷한 일을 하면서도 방향을 다르게 잡은 변호사들이 있어. 재판, 특히 형사사건이라면 당연히 피고인을 돕는 걸 변호사의 일로 생각하잖아. 그런데 피해자는 과연 누가 도울까? 범죄에서 피해를 입은 사람은 누구에게 어떻게 억울한 일을 호소해야 할지 모호할 때가 많아.

'범죄피해자 보호법'이 있기는 하지만 그것도 피해자라는 게 확실히 밝혀진 이후에야 경제적으로 도움을 얻을 뿐이야. 검사는 범인을 잡아 법정에서 처벌 받도록 하는 게 일이기 때문에 아무래도 범인 쪽에 더 신경을 많이 쓰기 마련이지.

그런데 피해자들의 경우엔 자기가 법적으로 피해를 입었는지 아닌지조차 헷갈릴 수 있거든. 피해를 입은 건 분명해도 누구에게 어떤 도움을 받을 수 있는지는 알기 어려워. 물론 경찰서나 검찰에 가면 친절하게 가르쳐 주기도 하지만 막상 무슨 말을 해야 할지 주저하기 쉽지.

요즘 너희처럼 어린 친구들을 대상으로 한 무서운 범죄도 많잖아. 근데 그런 일은 어떤 피해를 입었는지 얘기를 꺼내는 것조차 쉽지 않을 수 있거든. 어른들도 막상 경찰서에 가면 입이 오그라드는데 아이들은 오죽하겠니. 이런 경우 피해자들을 많이 상대해 본 변호사라면 마음부터 잘 풀어서 필요한 얘기를 할 수 있게 이끌어 주지.

기업별로 다른 일을 하는 사내 변호사

아예 회사에 들어가는 변호사들도 있어. 큰 회사는 법률 관련 일들이 끊임없이 생기거든. 회사마다 사정이 제각각이라서 1~2명 정도 고용하기도 하고, 여러 명의 변호사로 별도의 팀이나 부서를 꾸리기도 해. 우리나라의 제일 큰 기업에는 변호사들만 200명이 넘을 정도지.

그 정도면 삼촌이 다니는 로펌이랑 규모가 거의 비슷해. 이런 변호사들은 다른 직원들과 마찬가지로 회사 일에 대해 배우면서 동시에 법적인 지식을 활용해 일을 하는 거야. 어째서 그렇게 많은 변호사들이 필요한지 한번 볼까?

공장을 하나 새로 짓는다고 해 보자. 넓은 땅을 마련하려면 원래 그 땅의 주인들과 계약을 해야겠지. 나중에 문제가 생기지 않도록 계약서 검토는 필수야. 그 공장에서 어떤 제품을 만드느냐에 따라 담당 관청에서 여러 가지 허락도 받아야 할 거야.

많은 사람이 드나들게 되면 주변 교통에 영향을 끼치니까 대책도 마련해야 하고, 소음이나 공해 물질 배출을 줄이기 위한 시설도 평가를 받아야 해. 공장에서 일하는 사람들을 어떤 조건으로 고용할 것인지도 정해야지.

제품이 만들어지기 시작하면 이상 있는 부분이 없는지 살펴봐야 해. 인체에 해를 끼치기 때문에 사용해서는 안 될 재료가 들어가진 않았는지 하는 것들 말이야. 이런 모든 것은 법률에 그 기준이 마련돼 있거든. 게다가 국회는 끊임없이 새로운 법률을 만들기 때문에, 누군가는 수시로 공부해서 바뀌는 내용을 잘 알고 있어야 해.

평상시의 회사 일에도 수시로 변호사가 필요해. 기업은 돈을 많이 버는 게 가장 큰 목표잖아. 그러다 보면 의욕이 넘쳐서 하지 말아야 할 일을 할 수도 있거든. 요즘 너희 사이에 제일 인기 있는 아이돌 그룹은 누구니? 뭐라고? 음, 이름만 들어서는 도저히 어떤 그룹인지 짐작도 안 가는구나. 흑, 일만 열심히 하느라 아저씨가 됐어.

암튼 그 아이돌 그룹 멤버들이 마침 이 회사에서 만드는 옷을 자주 입는 거야. 너무 잘됐다 싶어서 유명한 아이돌 그룹이 즐겨 입는 옷이라고 대문짝만 하게 맘대로 광고를 냈다면 어떨까? 그래, 광고비를 제대로 주고 모델로 써야지, 안 그러면 소송에 휘말릴 수 있겠지. 너희 같은 팬들이 떼로 몰려와서 회사에 항의할 수도 있잖아. 이건 가벼운 예일 뿐이야.

실제로 커다란 회사를 운영하다 보면 온갖 일들에 부딪힐 수 있어. 그래서 새로운 업무를 시작할 때 사내 변호사로부터 법적인 문제가 없는지 미리 검토 받는 회사들이 늘어나는 거야. 이건 사회적으로도 아주 중요한 뜻을 가지고 있어.

대기업들은 자꾸만 새로운 일들을 벌이거든. 요즘 스마트폰들을 봐. 1년에 한 번씩 새로운 제품을 만들어 내잖아. 사람들이 지갑을 열어 돈을 쓸 수밖에 없도록 하지.

경제가 활발하게 돌아가도록 하는 역할도 하니까 나무랄 순 없어. 하지만 엄청나게 많은 돈으로 규모가 큰 일들을 벌이다 보니까 사회에 끼치는 영향이 아주 크거든. 그래서 나쁜 방향으로 돈을 쓸 수 없도록 여러 가지 안전장치를 만들어 두고 있지. 법률로 말이야.

사내 변호사를 통해 그런 법률을 어기지 않도록 회사 안에서부터 막는 거야. 법률을 어기고, 나중에 잘못했다는 게 드러나면 회사의 높은 자리에 있는 사람들이 벌을 받지. 하지만 그러고 나면 기업은 잔뜩 겁을 먹고 회사 규모를 줄일 수도 있겠지.

그럼 어떻게 될까? 일자리를 잃는 사람들이 생길 수 있는 거야. 그 사람이 너희 부모님들이 될 수도 있고 말이지. 미리미리 불법을 저지르지 않으면서 사업을 할 수 있도록 사내 변호사들이 돕는 거야.

사내 변호사의 재판

뭐라고? 회사에 들어갈 거면 뭐하러 어렵게 변호사가 되느냐고? 물론 삼촌처럼 재판을 하는 변호사가 더 멋지게 보일 수도 있지. 보는 눈은 있어 가지고, 크크크. 그렇지만 사내 변호사들이라고 재판에 관한 일을 아예 안 하는 건 아니야.

큰 회사들일수록 이런저런 소송을 해야 할 때가 많거든. 그럴 때는 사내 변호사가 나서서 어떤 로펌에 소송을 맡길지를 정해. 소송을 하는 과정에서 필요한 증거들도 챙겨 주지. 로펌에서 일하는 변호사들은 회사 내부 사정을 잘 모르잖아. 회사의 누구에게 어떤 자료가 있는지도 알 수 없지.

반면에 회사 경영에만 매달리는 일반 직원이라면 법을 잘 모르겠지? 그러니까 사내 변호사가 로펌과 회사 사이의 다리 역할을 맡는 거야. 사내 변호사들은 회사 일도, 회사와 관련된 법률도 다 익힐 수 있는 장점이 있어. 그래서 회사를 그만두고 나와서 그쪽 분야의 소송을 전문으로 맡는 변호사로 변신하기도 한단다.

삼촌 친구 중에도 프랜차이즈 커피 회사에 다니는 변호사가 있어. 몇 년 더 그 회사에 다닌 다음, 프랜차이즈 소송 전문 변호사를 하겠다고 하더라. 프랜차이즈가 뭐냐고? 제품은 회사에서 공급해 주지만 곳곳에서 가게를 운영하는 사장님들은 따로 있는 거야. 너네가 좋아하는 치킨이나 아이스크림 가게 중에서도 프랜차이즈가 많지.

많은 사람이 그런 방식으로 자기 가게를 운영하거든. 그 속사정을 잘 아니까 다툼이 있을 때 전문가로 나서겠다는 계획이지. 뭐, 잘 안 되면 커피전문점을 차리겠다나? 하하. 물론 계속 그 회사에 다니면서 임원으로 승진해 높은 자리에 오를 수도 있겠지.

국회의 변호사

그 밖에 변호사들이 하는 일에 어떤 것이 있을까? 생각해 보니 가장 기본인 곳을 빼놓았구나. 자, 변호사는 무엇에 관한 전문가지? 답을 기다릴 필요도 없이 법률이지. 그럼 그 법률은 누가 어디서 만들지? 역시 기다릴 필요 없이 국회에서 국회의원이 만들지.

그럼 진짜 질문! 국회의원은 법률 전문가일까, 아닐까? 맞을 수도 있고 아닐 수도 있어. 국회의원은 국민의 뜻을 대신하기 위해 지역별로 뽑힌 사람이야. 국회의원이 되기 전에 원래 하던 일도 천차만별이지. 대한민국에 어떤 법이 필요한지에 대해서는 국민 얘기도 듣고 국회의원들끼리 의견도 나누면서 잘 알 수 있어.

하지만 법률 그 자체를 만드는 건 보다 전문적인 기술이 필요하거든. 너희가 입고 싶은 옷을 맞춘다고 생각해 봐. 팔다리는 길어 보이고, 몸매는 날씬하게 보이게 만들고 싶지. 근데 대충 그림이야 어떻게 그릴 수 있다고 해도, 옷감을 자르고 바느질을 해서 실제 옷을 만들기는 어렵잖아.

마찬가지로 국회의원들도 변호사의 도움이 필요해. 국회 안에 공무원으로 들어가서 일을 하는 변호사들도 있고, 국회의원 개개인의 보좌관으로 일하면서 법률 만드는 걸 돕기도 해. 변호사 경험을 쌓아서 아예 국회의원으로 나서는 경우도 꽤 많지. 아마 국회의원들의 출신 직업 중에서 변호사가 몇 손가락 안에 꼽힐걸? 대통령도 두 사람이나 변호사 중에서 나왔고 말이야.

공공기관의 변호사

사실 국회뿐만 아니라 많은 공공기관에도 변호사가 있어. 시청이나 도청 같은 곳 말이지. 어떻게 보면 공공기관도 회사랑 비슷한 점들이 있잖아. 시나 도라는 커다란 살림살이를 꾸려야 하니까 말이야. 다만 시민들이 필요로 하는 여러 가지 서비스를 제공한다는 목적이 다를 뿐이지. 거리를 정비하거나, 집들이 모인 곳의 환경을 돌보거나 하는 일을 하니까.

어쨌든 공공기관 역시 법률에 따라 어떻게 일을 해야 하는지 도움을 주는 사내 변호사 같은 사람이 필요하기 마련이거든. 이런 경우에 변호사는 회사원이 아니라 공무원으로 취업을 하는 거야.

공공기관은 우리나라 안에서 그치지 않아. 대한민국은 여러 나라와 교류를 하고 있어. 외국과 서로 필요한 물건들을 주고받으며 경제 활동을 하고, 여행객들도 오가지. 그런 나라들끼리는 '조약'이라는 걸 체결하는데, 나라들 사이의 법이라고 보면 돼.

조약이 잘 지켜져서 많은 나라가 평화롭게 잘 살기 위해 국제기구들도 만들어졌지. 그래, 삼촌이 좋아했던 여자 동기처럼 유엔 같은 데서 일하는 변호사도 있어. 멋지지? 그런 곳에서 일하려면 기본적으로 외국어를 잘해야겠지. 나라마다 조금씩 다른 법률에 대해서도 어느 정도 알고 있어야 하고. 역시 멋져, 그녀는. 에잇, 자꾸 생각나네. 딴 얘기 하자, 딴 얘기.

어쩌면 어른들이 마치 변호사는 돈만 밝히는 사람인 것처럼 얘기하는 걸 들은 친구도 있을 거야. 하지만 그렇지 않아. 삼촌도 오거리 사건을 돈 벌려고만 했던 게 아니잖아. 어려운 사람들을 돕는 일에 자기 재능을 바치는 변호사들도 많아.

각종 시민단체에서 일하는 변호사들이 대표적이지. 환경을 보호하자거나, 보다 건강한 교육을 위해 애쓰자거나, 대기업과 중소기업이 잘 어우러져 지낼 수 있는 경제구조를 만들자고 주장하며 여러 가지 일을 하는 단체들이 있어.

그런 단체들은 국가에서 어떤 정책을 펴려고 할 때 문제점은 없는지 감시하면서 보다 많은 국민이 행복할 수 있는 나라를 만들기 위해 애쓴단다. 나랏일을 하는 공공기관에게, 그리고 국민들에게 목소리 높여 알리는 일을 많이 하지.

그런데 실제로 자신들의 주장을 구체화해서 국가 정책에 반영하도록 하려면 무슨 방법을 쓸까? 국회의원들을 설득해 법을 만드는 것이 좋은 방법일 거야. 그렇다면 국가나 기업의 활동에 법적인 문제가 없는지 찾고, 새로운 정책을 법으로 만드는 데 어떤 사람이 딱일까?

이제 말 안 해도 알겠지? 그래, 여기도 변호사가 필요한 곳이야. 로펌이나 대기업에 취직하는 것처럼 돈을 많이 벌지는 못하지만 보람만큼은 누구 못지않다고 해.

변호사의 다양한 역할

그 밖에도 국가와 국민을 위해 변호사로서의 능력을 쓸 수 있는 일들은 많아. 대한민국이 오늘만큼 자유롭고 행복하게 살 수 있게 되는 데는 변호사들의 역할도 컸단다. 대표적인 사례 하나만 들어 볼까? 몇 해 전 대통령이 크나큰 잘못을 저질러서 많은 국민이 화가 났던 일, 기억하지?

한겨울 내내 주말마다 촛불을 들고 서울의 광화문과 전국 곳곳에 모여 한목소리로 대통령에게 물러나라고 외쳤잖아. 그리고 마침내 헌법재판소의 결정으로 대통령은 자리에서 쫓겨났지.

그 촛불 집회가 가능했던 것도 어찌 보면 변호사들 덕분이야. 예전엔 해가 떨어진 뒤 사람들이 모여 집회를 여는 일이 불법이었어. 하지만 많은 사람이 이 법이 잘못됐다는 생각을 했고, 뜻있는 변호사들이 헌법재판소에 소송을 시작했지. 평화로운 집회마저 무조건 불법으로 막는 것은 헌법에 어긋난다고 한 거야.

헌법재판소는 그런 주장을 받아들였어. 그 덕분에 어둠을 밝히는 촛불을 들고 사람들이 모일 수 있었던 거지. 어때? 변호사라는 직업 제법 멋지지 않니?

판사와 검사가 하는 일

판사, 검사, 변호사라는 세 바퀴

자, 재판하는 과정을 쭉 알아봤고, 그 밖에 변호사가 어떤 일들을 하는지도 알아봤으니 이제 무슨 얘기를 하나? 아, 맞다. 판사와 검사에 대한 얘기를 조금 더 해 줘야 머릿속에 구조가 잡히겠구나.

'법조삼륜'이라는 말이 있어. 어려운 한자를 써서 미안해. 삼촌도 우리 법률에 한문이 너무 많이 들어간 게 불만이야. 조금씩 나아지

고 있으니 너희가 컸을 때쯤이면 훨씬 좋아지겠지.

'법조삼륜'은 판사, 검사, 변호사, 이 세 가지 일을 하는 사람들이 마치 3개의 수레바퀴처럼 법조계를 받치고 굴러간다는 뜻이야. 어느 한쪽으로 너무 치우치면 균형을 잃고 쓰러지겠지. 그럼 그 피해는 국민이 입을 테고. 그런 뜻에서라도 판사와 검사에 대해 알아 두어야겠지.

수사부터 형벌까지, 할 일 많은 검사

형사재판에서 변호사의 상대는 검사라는 얘기를 여러 번 했지. 그런데 법정에서 하는 일은 검사가 하는 전체 일 중에서 아주 적은 부분이야. 범죄가 일어나면 시작과 끝을 모두 검사가 도맡아 처리한다고 보면 돼.

어느 집에 도둑이 들었다고 가정해 보자. 현장에 출동해 범인의 흔적을 찾고, 잃어버린 물건이 무엇인지 일차적으로 조사하는 것은 경찰이지. 그런데 그 뒤에는 늘 검사가 있단다. 수사 상황을 경찰로부터 보고 받고, 방향을 제시하거나 부족한 부분을 보충하라고 지시하거든. 경찰이 범인을 잡아 먼저 조사를 한 이후에도 거의 대부분 검사가 다시 한 번 직접 조사해.

왜냐하면 그렇게 해야 억울한 사람이 생기지 않도록 막을 수 있거든. 또 한 가지 이유는 재판을 열어 형벌에 처해 달라고 요청하는 것도 검사이기 때문이야. 재판에서 유죄를 주기 위해 필요한 증거들을 충분히 찾았는지도 검사가 더욱 잘 판단할 수 있지.

그렇게 해서 재판을 시작하면 지난번에 얘기한 것과 같은 과정들이 펼쳐져. 재판이 끝나고 범인이 유죄를 받으면 다시 검사가 할 일이 생기지. 이번에는 경찰이 아니라 교도소 직원들을 지휘해서 범인을 감옥에 가두도록 하거든. 검사는 정기적으로 교도소를 방문해서 감옥에 있는 사람들이 반성하며 지내고 있는지도 점검해.

도둑이 든 사건이라면, 도둑이 훔친 물건들이 발견됐을 때 원래 주인을 찾아서 돌려주는 것도 검사 몫이야. 만약 범인이 이 물건들을 팔아 돈으로 가지고 있거나 다른 물건으로 바꿔 버렸다면 어떻게 할까? 잃어버린 사람이 최소한 물건 값만큼은 받을 수 있도록 도와줘야 해. 정말 많은 일을 하지?

특히 검사는 사람들을 자주 만나야 해. 범인으로 여겨지는 사람을 조사하기 위해 만나고, 범죄에 대해 알고 있는 증인들을 만나고, 경찰이나 다른 공무원들과 함께 일을 하기 위해 만나야 하지. 할 수 있는 일이 많은 만큼 힘이 세지만 그만큼 힘든 일이기도 해.

최종결정권을 가진 판사

그런데 검사가 하는 일들 중 특히 중요한 것들은 판사의 허락을 받아야 할 때가 많아. 범인을 붙잡거나 상당 시간 구치소에 가둬 두고 수사하려면 영장이라는 게 필요하거든. 재판이 끝나서 벌을 주는 것과는 별개로 수사를 하는 과정에서 피의자를 며칠 정도 가둬 놓아야 할 때가 있거든.

그럴 때는 검사가 왜 그래야 하는지 설명하고 이를 들은 다음 판사가 허락해 주는 거야. 도둑이 든 집이라면 범죄와 관련된 증거들이 있는 곳을 수색하기 위해서도 영장이 필요해. 재판에 넘겨진 피고인에게 유죄를 내릴지 무죄를 내릴지도 판사가 결정하지. 검사와 변호인의 의견을 골고루 들어 보고 말이야.

형사재판 외에도 민사재판, 가사재판, 행정재판, 특허재판 같은 여러 가지 종류의 재판이 있지. 검사가 형사 분야의 법률만 다루는 것에 비해서 판사는 여러 법률 분야에서 골고루 일해 볼 수 있어.

대신 판사는 정말 엄청나게 많은 서류를 읽고 검토해야 한단다. 변호사도 서류에 묻혀 지내는 게 일이라고 했는데, 판사는 그보다 더해. 형사재판에서는 검사와 변호인, 민사재판에서는 원고와 피고, 양쪽에서 쏟아 내는 주장과 증거들을 모두 자세하게 봐야 하잖아. 재판이 있는 날에도 말을 하기보다는 내내 다른 사람들의 얘기를 들어야 하지. 엉덩이가 아주 무겁지 않으면 정말 하기 힘든 일이 판사 일이야.

로스쿨과 변호사 시험

어서들 오렴. 오늘도 한 친구도 빠짐없이 온 거야? 우리가 만나는 게 벌써 여섯 번째인데 낙오자가 1명도 없다니! 역시, 이 삼촌의 인기는 식을 줄을 모르는구나, 하하하. 어려운 얘기도 친절하게 설명해 주지, 종종 아이스크림도 사 주지, 게다가 얼굴까지 잘생겼지, 사실 어디서 너희가 이런 사람을 만나겠냐?

너희 혹시 주말이 다가오면 막 삼촌이 보고 싶어서 가슴이 설레고 그러진 않냐? 안 그런다고? 삼촌 얘기가 재밌어서 듣는 동안 홀랑 빠져드는 것 맞잖아? 에잉, 뭐지? 이 미적지근한 반응은? 삼촌이 너무 나갔나 보구나, 흥! 이번 주엔 너희를 위해 특별한 준비까지 했는데 말이야! 이거 서운하구먼.

로스쿨 교수님과의 인터뷰

실은 삼촌이 일하는 회사에 로스쿨 교수님이 찾아오셨거든. 최단비 교수님인데, 텔레비전에도 종종 나오는 굉장히 유명한 분이야! 대형 로펌에서 변호사 생활을 10년 정도 하다가 삼촌이 나온 로스쿨 교수로 옮겨 와서 학생들을 가르치고 계시거든. 교수님이라고 부르기 어색할 정도로 젊고 예쁘신 데다 성격도 소탈해서 인기 최고지!

> 안녕, 여러분.
> 최단비 변호사예요.

 교수님이 오늘 여기 오신 이유는 사실 로스쿨 학생들 때문이야. 로스쿨을 마칠 즈음이 되면 학생들이 변호사 사무실에 와서 실무 수습 과정을 거쳐야 하거든. 실제 변호사 선배들이 어떻게 일하는지 보고, 학교에서 이론으로만 배웠던 변호사 업무에 대해 익히는 거야. 교수님이 우리 회사 대표님께 학생들 수습 과정을 부탁하러 오신 거지.

 그런데! 이 훌륭한 삼촌이 딱 너희를 떠올렸지 뭐냐. 로스쿨 과정에 대해 설명해 달라고 부탁을 드렸지. 물론 삼촌 경험만으로 얘기해 줄 수 있지만 너희에게 보다 깊이 있는 정보를 전해 주기 위해서 말이다. 어떠냐? 삼촌이 더욱 멋있어 보이지!

로스쿨에 들어가려면?

교수님, 변호사 직업에 관심이 많은 친구들이 모였어요. 변호사가 되려면 어떤 과정을 거쳐야 하나요?

변호사가 되려면 로스쿨을 필수 과정으로 거쳐야 해요. 저는 로스쿨이 아니라 사법시험을 통해서 변호사가 됐는데요, 사법시험 제도는 2017년을 마지막으로 없어졌어요. 로스쿨은 법학전문대학원이에요. '대학원'이다 보니 일단 대학교까지는 나와야 입학할 수 있겠지요.

하지만 반드시 대학교에 다녀야 하는 건 아니에요. 학점은행을 통해 필요한 학점을 따면 자격을 인정해 준답니다. 로스쿨에 입학해서 다닌 뒤에 졸업시험을 치르면 변호사 시험을 볼 수 있어요. 그 시험에 합격하면 변호사가 되는 것이지요.

참고로 일본은 꼭 로스쿨을 나오지 않더라도 예비시험이라는 걸 쳐서 합격하면 변호사 시험을 볼 수 있답니다. 지금 초등학교 학생들이 변호사 직업에 도전할 때쯤이면 제도가 조금은 달라져 있을 수도 있겠네요. 하지만 변호사가 되기 위해 준비해야 하는 것들은 비슷할 테니까 우선은 지금의 로스쿨에 대해 알아 두면 좋겠지요.

지금은 일단 로스쿨에 들어가야 하는 거잖아요. 그럼 입학시험이 있나요?

로스쿨 입학은 몇 가지 단계로 나눠져요. 우선 공통적으로 '법학적성시험'이라는 걸 치러야 해요. 이 시험은 '언어이해'와 '추리논증' 그리고 '논술' 영역으로 이뤄져 있어요. 음, 모두 국어시험이랑 조금 비슷해요. 물론 여러분이 치는 시험보다는 훨씬 긴 글이 하나 주어지지요. 그 글을 일단 잘 읽어 보고 관련 질문에 답하는 거죠.

시험을 치러 본 학생들 말로는, 마치 아이큐 테스트를 받는 기분이었대요. 정해진 분야가 있는 것이 아니라 여러 가지 다양한 주제를 물어보니까 그런가 봐요. 법학을 공부하는 데

필요한 소질을 갖추고 있는지 알아보려는 것이기 때문에 법률 자체를 물어보지는 않아요.

'법학적성시험'에는 법률이 나오지는 않는군요. 그럼 대학교에서 공부한 거랑도 상관없는 시험이에요?

전공과는 아무런 관련이 없어요. 대학에 들어갈 때는 역사, 철학 같은 인문학, 금융, 무역, 재무 같은 경제학, 의학이나 공학처럼 여러 가지 다양한 분야로 나누어진 전공을 정하지요. 하지만 대학교에서 그 어떤 것들을 공부했더라도 로스쿨에 들어올 수 있어요.

변호사가 하는 일이 어떤 것들인지는 알지요? 사건을 정확하게 파악하기 위해 글을 얼마나 논리적으로 잘 이해하는지, 그렇게 파악

한 사건에 대한 자기주장을 어떻게 다른 사람에게 잘 전달할 것인지에 대한 기본적인 소질이 있어야 해요. 법학적성시험은 그걸 알아보는 거예요.

**그래도 혹시 로스쿨에 가는 데
유리한 대학교나 전공과목이 있을까요?**

로스쿨의 취지를 먼저 알아야 할 것 같네요. 예전의 사법시험은 주로 법학대학에서 법률을 전공한 학생들이 치렀어요. 그러다 보니 법률 그 자체의 전문가는 많은데 다른 분야를 이해하는 능력이 떨어지곤 했답니다.

갈수록 사회가 복잡하고 다양해지다 보니까 전문적인 영역이 많이 생긴 거예요. 법률만 잘 알아서는 해결하기 어려운 문제들도 마구마구 생겼던 거지요.

그래서 대학에서 다양한 분야의 공부를 마친 학생들이 그 다음에 추가적으로 법률을 공부하도록 로스쿨 제도로 바꾼 거랍니다. 건축을 공부했으면 건설 전문, 의대를 나왔다면 의료 전문, 경제를 잘

알면 금융 전문 변호사가 될 수 있겠지요. 그러니까 어느 대학, 어느 학과가 유리하다는 건 있을 수 없어요.

그럼 법학적성시험만 잘 보면 어느 로스쿨이든지 들어갈 수 있어요?

아니에요. 대학교 때의 성적도 본답니다. 영어시험도 따로 치러서 성적표를 내야 하고요. 법학적성시험을 포함해 그 세 가지를 중심으로 어떤 학생들을 뽑을지 정해요. 세 가지 중 어느 성적을 더 중요하게 여기는지는 로스쿨마다 조금씩 달라요.

그러니까 자기가 자신 있는 성적을 더 중요하게 인정해 주는 로스쿨에 지원하면 되지요. 물론 여기까지는 서류로만 치는 시험이고요. 교수님들을 직접 만나 면접시험도 따로 봐야 해요.

**그럼 교수님도 학생들 면접시험에 들어가 보셨겠네요.
주로 뭘 물어보세요? 그냥 그 사람 성격이 좋은지 보는 건가요?
아니면 이런저런 법률 내용을 물어보나요?**

하하하, 성격만 보는 거면 글쎄, 삼촌이 우리 로스쿨에 들어올 수 있었을지 모르겠네요. 그렇지 않아요. 면접도 시험으로 치러져요.

예를 들어 "대한민국 국민의 수명이 늘어나면서 고령화 사회로 들어서고 있습니다. 동시에 늦게까지 결혼을 미루는 사람들도 많아지면서 혼자 사는 사람들이 늘어나는데요, 이런 사회가 가진 문제점이 무엇일까요?"라는 식의 질문을 던지는 거예요. 그렇게 문제를 받은 다음 빈 교실에서 10분 정도 생각할 시간을 줘요. 그리고 교수들 앞에서 자기가 생각하는 내용을 발표하는 거지요.

정답이 따로 정해져 있는 질문이 아니기 때문에 여러 가지 답이 나올 수 있겠지요. 교수들은 학생의 얘기를 듣고 난 다음, 왜 그렇게 생각했는지 꼬치꼬치 캐물어요. 당황하지 않고 이유를 잘 설명하는지 보려고요. 나중에 변호사가 되면 법정에서 판사를 향해 얘기해야 하니까 그것처럼 해 보는 거죠.

그리고 왜 로스쿨에 오고 싶어 하는지, 변호사가 된 다음에는 뭘 하고 싶은지 같은 것들을 묻기도 해요.

어떤 로스쿨을 졸업했느냐에 따라서 나중에 할 수 있는 일이 많이 달라지나요?

솔직하게 말해야겠지요? 대학도 명문으로 불리는 곳이 따로 있지요. 그리고 그런 곳들을 나와야 취업하기도 좋다는 얘기를 들어 봤을 거예요. 로스쿨도 순위가 있어서 좋은 로스쿨에 가는 것은 중요하답니다.

하지만 로스쿨 자체가 워낙 들어가기도 힘들고, 공부를 다 마치고 졸업하기도 어려운 과정이라 대학들처럼 큰 차이가 나지는 않아요.

게다가 로스쿨들은 분야별로 특성을 가지고 있기도 해요. 이를테

면 우리 학교는 의학과 생명 분야를 강조하고 있습니다. 변호사가 된 이후, 의료소송을 하고 싶다면 다른 로스쿨에서보다 조금 더 전문적인 지식을 배울 수 있지요.

로스쿨 생활

엄청 어렵다고만 하시니까 살짝 걱정도 드는데요.
로스쿨은 몇 년이나 다녀야 하고, 어떤 것들을 배우나요?

3년 과정으로 이뤄져 있어요. 당연히 변호사로서 가장 기본적으로 알아야 할 법률 과목들을 배웁니다. 민법, 형법, 헌법이라고 하는 세 가지 법률이 대표적이지요. 그런 법률을 재판에서 다룰 때 어떻게 하는지 절차에 관해 정한 법률도 같이 배워야 해요.

삼촌처럼 형사재판을 많이 하는 변호사는 형법과 형사소송법을 특히 열심히 해야겠지요. 법률을 실제 업무에 어떻게 응용하는지도 가르쳐 줘요. 판사, 검사, 변호사가 작성하는 각종 서류들을 어떻게 써야 하는지 직접 해 보는 거지요.

로스쿨에 들어온 학생들은 어떤 사람들이에요?
사회에서 다른 직업을 가지고 일을 하다 들어온 사람도 있나요?

정말 굉장히 다양하답니다. 대학을 졸업하고 바로 들어온 학생이 제일 많기는 하지만 그렇지 않은 경우도 못지않게 많아요. 회사를 다니다 온 사람도 있고 경찰이나 군인, 외교 공무원처럼 전문적인 분야에 종사하다 온 사람도 많아요.

자기가 하던 일에서 쌓은 전문지식에 법률지식을 더하면 보다 깊이 있게 일할 수 있을 테니까요. 앞에서 얘기한 것처럼 로스쿨 제도의 취지가 바로 그런 것이기도 하고요.

**대학에서 법을 공부하지 않았다면,
로스쿨에서 많이 힘들지 않을까요?**

음, 이것도 솔직하게 얘기해야 하겠지요. 처음엔 많이들 힘들어 해요. 시간은 3년으로 한정되어 있는데, 배워야 할 것들은 끝도 없으니까요. 아침부터 저녁까지 수업이 이어지고, 수업마다 과제들이 쏟아져 나오지요.

예전에 제가 사법시험을 치렀을 때랑 비교해 볼까요. 그때는 대학의 법학과에서 4년을 공부한 다음, 적어도 2~3년 공부를 더 해야 사법시험에 합격할 수 있었어요. 합격한 뒤에도 사법연수원에 들어가 2년을 더 공부했지요.

6 로스쿨과 변호사 시험 · 149

그런데 로스쿨은 3년 안에 모든 걸 마쳐야 해요. 아무래도 처음엔 엄청나게 많은 공부를 해야 한답니다. 물론 학생들 대부분은 잘 적응하고 어려운 고비를 넘겨요. 처음엔 법률 자체가 낯설어서 힘들지만 어느 정도 원리를 깨치고 나면 계속 어렵지만은 않거든요.

다른 대학원과 로스쿨이 크게 다른 점이 있을까요?

이름이 '법학전문대학원'이잖아요. 다른 대학원은 그 전까지의 학교와 달리 연구를 많이 한답니다. 교수님들로부터 배우기도 하지만, 배운 것들 중에서 자기만의 주제를 정해 새로운 내용을 찾는 것이지요.

하지만 로스쿨은 그럴 수가 없어요. 연구를 하는 대신, 법률지식 전문가를 만들어야 하지요. 전문성을 심어 주는 것이 다른 무엇보다 강조됩니다.

그럼 로스쿨에 다니는 학생들은
잠도 제대로 못 자고 공부해야겠네요?

잠을 못 자면 사람이 어떻게 살겠어요, 하하하. 하지만 정말 열심히 하는 학생들이 많기는 해요. 대학교에 다닐 때처럼 취미활동을 하기도 어렵지요.

대신 어려운 공부를 하기 위해 체력을 키워야 하니까 등산, 스포츠 같은 활동도 많이 한답니다. 자기들끼리 모여서 모의재판을 열거

나, 특정한 전문 법률 분야를 공부하기도 해요. 취미활동과 공부를 겸하는 셈이지요.

교수님은 변호사 일을 하다가 로스쿨 교수님이 되셨는데, 특별한 이유라도 있었어요?

혼자 일을 하면 저 혼자만 변호사로서 다른 사람들을 도와줄 수 있잖아요. 그런데 학교에서 학생들을 가르치면 1년에 60명의 변호사를 탄생시키는 거예요. 훨씬 많은 사람에게 도움을 줄 수 있지요. 어느 날 그런 생각이 들어 교수가 되기로 했답니다.

변호사 시험 준비하기

시험이 끝이 없는 것 같아요. 로스쿨을 마쳐도 바로 변호사를 할 수 있는 건 아니고 변호사 시험에 합격해야 한다고 했지요?

맞아요. 변호사 시험은 로스쿨 과정 3년을 다 마친 다음에 볼 수 있답니다. 로스쿨 졸업도 그냥 할 수 있는 건 아니에요. 모두 세 차례에 걸쳐서 졸업시험을 치러야 해요. 그 다음 비로소 변호사 시험을 보는데, 그것도 4일에 걸쳐서 본답니다.

시험이니까 모두 다 합격하는 것은 아니겠죠? 로스쿨 졸업생들 중에 70퍼센트 정도가 변호사 자격증을 받아요. 물론 떨어지면 다음 해에 시험을 다시 볼 수 있기는 한데, 1년을 기다려야 하지요.

변호사 시험은 당연히 법률지식을 물어보는 것이겠지요?

크게 형사, 민사, 공법 세 과목을 봐요. 각각 과목마다 객관식, 사례, 기록형이 있어요. '기록형'이란 실제 사건의 서류와 비슷한 기록들을 준 다음에, 자신이 사건을 맡았다면 어떻게 재판을 통해 해결할지 논술 형태로 쓰는 거예요. 말로는 쉽지만 실제로 그걸 배워서 익히기는 까다롭기 때문에 이런 시험을 치르는 거예요.

변호사 시험도 성적에 따라 등수가 매겨지나요?
그 등수에 따라 로펌에 가거나 검사, 판사를 할 수 있는 건가요?

시험을 치르고 나면 성적이 공개된답니다. 물론 성적에 따라 등수도 매겨지지요. 아무래도 좋은 성적을 받으면 원하는 곳에 취직하기 쉬울 거예요.

하지만 변호사 시험 성적만으로 모든 게 정해지지는 않아요. 학생들이 모두 재판을 주로 하는 법무법인에만 취업하는 게 아니니까요. 대학에서 배웠던 전공이 다르고, 이미 사회에서 일을 하다 로스쿨에 들어오는 사람도 있다고 했잖아요.

게다가 판사는 변호사 시험에 합격한 것만으로는 될 수가 없어요. 변호사로 최소한 3년 정도 일을 한 다음 지원할 수가 있거든요. 그때는 따로 시험을 치르는 게 아니라, 3년 동안 일을 얼마나 잘했는지를 본답니다.

　판사가 내리는 결정은 재판 받는 사람의 인생을 좌우할 만큼 중요하잖아요. 그런 일을 맡기는 데 성적만 볼 수는 없지요. 반면에 검사는 로스쿨 졸업 이후에 곧장 될 수가 있어요. 변호사 시험 말고 따로 검찰에서 시험을 봐야 한답니다.

**마지막으로 변호사가 되고 싶어 하는 친구들에게
해 주시고 싶은 말씀이 있다면요?**

　변호사가 되는 과정을 쭉 들어 보니 어때요? 많이 힘들겠죠? 대학까지 포함하면 로스쿨을 마치기까지 최소한 7년이라는 시간이 필요하고, 그만큼의 노력도 들여야 한답니다. 그러다 보니 본인의 뚜렷한 의지가 없으면 공부하기가 너무 힘들어요.

　저는 면접시험을 볼 때 학생들에게 왜 변호사가 되고 싶은지 물어본답니다. 가끔 자기는 특별한 생각이 없는데, 엄마가 변호사 직업을 원해서라고 대답하는 친구들이 있어요. 그런 친구들을 보면 정말 안타까워요. 세상에는 여러 가지 직업이 있고 변호사만이 꼭 좋은 직업인 것은 아니잖아요. 정말 하고 싶어서 하지 않으면 안 될 만큼 힘든 과정이기도 하고요.

　지금 삼촌에게 변호사에 대해 묻고 있는 여러분은 당장 무슨 일을 하겠다고 정하기에는 많이 어리답니다. 변호사에 대한 꿈을 갖는 것도 좋지만, 다른 여러 가지 일들에 대해서도 많이 알아보고 관심을 가져 보는 게 좋아요. 그렇게 골고루 알아보고 마지막으로 선택을 해야 어떤 일을 하든 후회가 없답니다.

힘든 시간을 견디고 꼭 좋은 변호사가 될 테야.

나 도 변 호 사

어떠냐? 변호사가 되는 길을 교수님 말씀으로 전해 들으니까 더욱 생생하지? 이제 삼촌이 너희에게 해 줄 수 있는 얘기도 거의 끝난 듯싶다. 아, 벌써 눈물을 흘리며 서운해 하지는 마라. 한 번 더 만나기는 해야 하니까.

너희가 세상에서 제일 좋아하는 '공부'에 관한 얘기를 나눠야 하거든, 크크. 로스쿨까지 가기에는 아직 멀었지만 지금부터 가져야 할 공부의 기본자세는 알려 줄 수 있으니까 기대하렴!

그 전에, 어디 보자. 변호사는 자기가 원하는 바를 잘 정리해 주장할 수 있는 능력이 있어야 한다고 했지? 각자가 부모님께 용돈을 올려 달라고 요구하는 글을 써서 가져와 보면 어떨까? 그걸 보면 그동안 얼마나 삼촌 말을 잘 들었는지 알아볼 수 있겠지? 크크크.

뭐? 다음 시간에 아무도 안 올 수도 있다고? 최고로 맛난 아이스크림이 기다리고 있을 거란 것만 말해 두마, 큼.

부모님에게 용돈을 올려 달라고 요구하는 청구서를 써 보자.

변호사 선서

나는 이제 대한민국의 변호사로서 인권옹호와 사회정의 실현을 위하여 첫발을 내딛고자 합니다. 나는 정의와 자유를 사랑하고 진리를 추구하는 변호사가 되기 위하여, 용기와 예지와 창의를 바탕으로 성실하고 공정하게 직무를 수행할 것이며, 법률문화 향상과 민주적 기본질서 확립을 위하여 노력할 것을 굳게 다짐합니다.

무거운 책임을 진 변호사

변호사 선서문이야. 어때, 멋지지 않냐? 최교수님이 가르쳐 주신 대로 로스쿨을 잘 마치고, 변호사 시험에 합격하면 변호사 자격증을 받게 돼. 시험에 통과해 국가로부터 변호사로 활동할 수 있다는 인정을 받는 거지. 이렇게 변호사 선서도 할 수 있는 거고.

그런데 삼촌은 그때부터 당장 변호사라고 보진 않아. 선서에도 나오잖아. 첫발을 내딛는 것뿐이라고. 선서한 대로 얼마만큼이나 노력하느냐에 따라 진짜 변호사로 불릴 만한 자격이 있는지가 달라지겠지. 공부만 잘하는 것이 아니라 그럴 만한 자세가 돼 있는지가 중요하다는 거야.

법과 질서를 유지하는 일은 원칙적으로 국가가 해. 하지만 누구나 실수할 수 있으니까 변호사는 혹시나 국가가 잘못하진 않는지 감시하는 거지. 경찰이나 검사가 수사를 하고 재판을 하는 동안 국민의 권리를 침해하는 일이 없도록 말이야.

이건 말처럼 쉬운 일이 아니야. 권력을 가진 사람들에게 맞서는 일이니까, 때로는 무서울 수도 있어. 정의에 대한 신념이 없다면 할 수 없는 일이야.

또 세상은 빠르게 변하고 있거든. 변호사는 항상 눈을 크게 뜨고 그런 변화도 잘 지켜봐야 해. 세상은 저만큼 앞서가고 있는데 법이 따라오지 못하는 바람에 혹시라도 사람들이 힘들어 하지 않는지 말이야. 그럴 때 법률 전문가인 변호사가 나서서 법을 바꿔 달라는 목소리도 높여야 하거든.

　너무 커다란 일이라 실감이 안 나니? 그럼 아주 간단하게 말해 볼게. 변호사가 사건을 맡았는데 재판을 잘못하는 바람에 억울한 사람이 감옥에 가게 됐다면 마음이 어떨 것 같니? 삼촌은 처음 일을 시작했을 때 사건에 대해 고민하느라 잠을 못 이룬 날이 하루 이틀이 아니었어. 그만큼 어깨가 무거운 일이라는 뜻이지.

남들의 생각을 읽는 연습

　어라, 애들이 너무 심각해졌네. 그렇게 당장 독립운동이라도 하러 나설 것 같은 표정까지 짓지는 말자, 크크크. 훌륭한 변호사가 되기 위해 어떤 자세를 갖춰야 할지는 생각보다 쉬울 수 있거든. 여러 가지 필요한 것들이 있겠지만 삼촌은 그중에서도 '같은 일에 대해 남들은 어떻게 여길지'부터 생각해 보는 습관을 먼저 꼽고 싶어. 자기 얘기만 고집하지 않는 태도 말이지.

지금까지 삼촌이 말해 온 것과 반대되는 얘기가 아닌가 싶을 거야. 변호사는 자기주장을 잘 정리해서 말로, 글로 설명해야 한다고 했으니까. 맞아. 하지만 그러려면 남들이 어떻게 생각하는지부터 살펴봐야 해. 검사는 왜 피고인이 죄를 지었다고 생각할까, 검사가 하는 이야기에 대해 판사는 어떻게 생각할까, 피고인은 왜 억울하다고 생각할까 살펴야 하는 거지.

그런 다음, 그런 생각들 중에서 어떤 것은 그럴듯하고, 어떤 것은 앞뒤가 맞지 않는다고 판단하는 거야. 그렇게 정리를 한 다음에 비로소 자기 생각을 시작하는 거지. 이런 과정 없이 자기주장을 펼친다면 그냥 밑도 끝도 없는 수다와 다를 바가 없어. 다른 사람들이 공감하고 동의해 주지 않을 테니까.

어때? 지금부터라도 평소에 그런 훈련을 해 보는 건? 다들 지금은 학생이니까 누구에게 자기 생각을 밝히기보다 어른들의 얘기를 들어야 할 때가 많지. 하지만 어른이 되고 사회생활을 하다 보면 달라져. 같은 일을 두고도 사람들이 얼마나 다른 생각들을 하는지 알면 깜짝 놀랄 거야.

미리미리 다른 사람의 머릿속을 들여다보는 연습을 해 두면 좋지. 꼭 변호사를 하지 않더라도 살아가는 데 큰 도움을 얻을 수 있어.

책 속에 생각이 있다

머릿속을 어떻게 들여다보느냐고? 꺼내서 내놓는 사람들이 있잖아. 또 눈이 둥그레지는구나. 자기 생각을 잘 정리해 글로 써 놓은 게 책이잖아. 그러니까 책을 읽는다는 건 다른 사람의 머릿속을 들여다보는 거야.

책을 읽을 때 한 가지만 신경을 써 보렴. 그냥 흰 것은 종이, 까만 것은 글자려니 하면서 읽지 말고 말이지. 이 사람은 무엇 때문에 책을 썼는지, 주제로 삼은 내용에 대해 어떻게 바라보고 있는지, 나라면 어떻게 썼을지, 이런 것들을 생각하면서 읽어 봐. 그럼 책 읽기도 훨씬 재미있을걸?

그리고 변호사로서 일하는 데 꼭 필요한 덕목도 자연스레 익히게 될 거야. 말 잘하고, 글 잘 쓰는 방법 말이지. 어때? 책을 읽는 게 변호사 수업이라고는 생각 못 했지? 역시, 이 삼촌은 멋져!

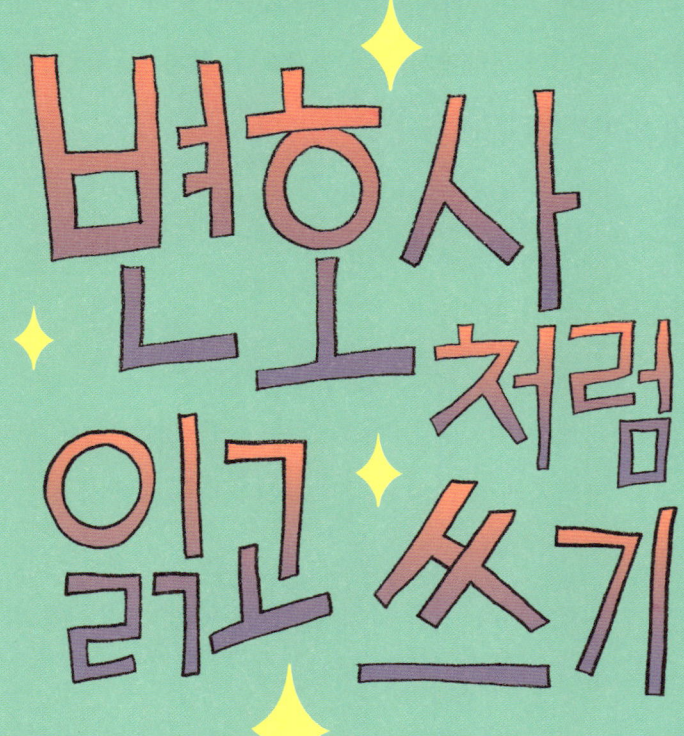

어서들 오려무나! 어라, 그게 다 뭐냐? 아이스 아메리카노랑 삼촌이 좋아하는 탄산수까지 들고 왔네, 하하. 오늘이 마지막이어서 서운했던 거야? 너희가 안 하던 짓을 하니까 왠지 진짜 이별이라도 하는 기분이 든다. 당분간 이사 갈 계획은 없으니까 동네에서 종종 보자꾸나. 말썽 부리고 나서 상담 하러 오지는 말고!

결론과 이유, 근거 찾기

그렇다고 커피에 얼렁뚱땅 넘어갈 삼촌이 아니지! 자, 숙제들 꺼내 놔 봐. 뭐? 삼촌에게 음료수 사 줘야 하니까 용돈 올려 달라 그랬다고? 떼끼! 그리고 언제 말로 하라 그랬냐? 글로 써 오라고 분명히 말했을 텐데? 생각 안 나는 척 하지 말고 얼른 앞 페이지를 넘겨서 읽어 봐. 삼촌 말이 맞지?

법률에 관해 백번 얘기하는 것보다 더 중요한 게 이런 거야. 상대방이 무슨 말을 했는지 정확하게 이해하고, 자기가 하고 싶은 얘기가 있으면 상대방이 분명히 알아들을 수 있도록 정확하게 전달하는 것 말이지. 거기에 더해 문서로 정리해서 근거를 남기는 거야.

지금도 그런 일들을 종종 겪겠지만, 어른들 사이에 생기는 문제들 대부분이 서로 정확한 의사소통을 하지 않아서 일어나는 거란다. 꼭, 잊지 말아라! 그래도 몇 명은 써 왔구먼. 어디 보자.

> 어머님, 아버님. 그동안 훌륭하게 키워 주셔서 감사합니다. 저는 오늘 꼭 드리고 싶은 말씀이 있어요.

무척 감동적이기는 한데, 도대체 용돈 얘기는 언제 하는 거냐? 어버이날 감사 편지를 잘못 들고 온 거 아니니?

> 아빠, 저는 용돈이 부족해서 너무 힘들어요. 진짜 돈이 많으면 하고 싶은 일이 너무 많은데, 하나도 못 하고 있어요. 무엇보다 게임 캐릭터 꾸미는 데 돈이 너무 많이 필요해요. ……

잠깐만, 스마트폰 게임 하느라 용돈이 부족하다고 하는 거야? 에효, 그런 건 부모님이 허락하시는 범위 안에서만 해야지. 게임을 만든 회사도 초등학생인 너희 용돈까지 돈벌이로 삼고 싶지는 않을 거야. 어디, 시연이가 쓴 걸 한번 볼까?

> 학교 끝나고 예원이, 채연이랑 함께 간식을 먹기로 했거든요. 일주일에 한두 번 정도인데 돌아가면서 사 주기로 했어요. 아무래도 지

> 금 용돈으로는 부족해요.

이건 그래도 조금 나은 편이네, 하하. 어느 부분을 조금 더 보충해 볼까. 삼촌이 원한 건 이런 식으로 쓰는 거야.

> 용돈을 한 달에 1만 5000원 더 올려 주면 좋겠어요. 예원이, 채연이랑 방과 후에 함께 간식을 사 먹고 돈은 돌아가면서 내기로 했거든요.
> 제일 자주 가는 곳이 아파트 단지 상가 분식집인데요. 떡볶이 2인분이랑 오뎅 1인분이면 딱 5000원이에요. 한 달에 세 번 정도는 내가 돈을 내야 할 거 같아요.
> 거기는 좋은 재료를 쓴다고 엄마도 그러셨잖아요. 다른 곳에 갈 때도 있고, 돈이 더 들 수도 있지만 지금 받고 있는 용돈을 아껴서 해결해 볼게요.

어때? 뭐가 다른 거 같아? 우선 얼마가 더 필요한지 정확하게 결론이 나와 있지. 그 돈이 왜 필요한지 이유가 나와 있고, 어떻게 계산한 건지 근거도 있잖아.

뭘 원하는지 결론을 정확하게 하고, 어째서 그 결론에 이르게 됐는지에 대한 이유를 밝히고, 그 이유에 대한 근거까지 따르도록 하는 것. 변호사뿐만 아니라 모든 법조인이 말하거나 쓸 때 사용하는 가장 기본적인 틀이야.

더해서 엄마가 싫어하지 않을 곳에서 친한 친구들끼리 쓰는 것이라면 부모님이 고개를 끄덕일 만하지 않겠어? 게다가 지금 용돈도 아끼겠다는 약속도 들어 있지. 설득하는 데 필요한 주변 사정으로 이런 내용들을 포함시키는 거지.

진짜 그런지 예를 들어 볼까. 삼촌이 썼던 실제 소송 문서는 너무 어려우니까, 잠깐만. 저기 어디 로스쿨 1학년 때 썼던 교과서에 적당한 예가 있을 거야. 여기 있구나, 이걸 한번 보렴.

소 장

원고 홍 길 동
　　　서울특별시 ○○구 ○○동 ○○○번지
피고 채 무 자 ○○○
　　　서울특별시 ○○구 ○○동 ○○○번지

대여금 청구의 소

청구 취지

1. 피고는 원고에게 금 100만 원 및 이에 대하여 이 사건 소장 부본 송달 다음 날부터 다 갚는 날까지 연 20퍼센트의 비율에 의한 금원을 지급하라.
2. 소송비용은 피고의 부담으로 한다.
라는 판결을 구합니다.

청구 이유

1. 원고는 피고에게 ○○○○년 ○○월 ○○일 금 200만 원을 대여하면서 ○○○○년 ○○월 ○○일에 돌려받기로 했습니다.
2. 그러나 피고는 위 금원중 ○○○○년 ○○월 ○○일 금 100만 원 및 이에 대한 이자 명목으로 ○○원을 변제한 이후 나머지 100만 원을 변제기가 지난 현재까지 지급하지 않고 있습니다.
3. 따라서 원고는 피고로부터 청구 취지와 같은 금원을 변제받기 위하여 이 사건 소송을 제기하기에 이르렀습니다.

입증 방법

1. 제1호증 차용증
2. 제2호증 통장사본

○○○○년 ○○월 ○○일

원고 홍 길 동

서울 ○○법원 귀중

   빌려준 돈을 받지 못해서 법원에 소송 내는 걸 가정한 형식이야. 법률용어가 적혀 있으니 무슨 말인가 싶을 거야. 하지만 잘 보면 삼촌이 설명한 내용이 그대로 들어 있어.

   200만 원을 빌려주면서 언제까지 돌려받기로 했는데, 100만 원과 그 이자밖에 못 받았으니까 나머지 100만 원을 달라는 거지.

   '소장 부본 송달'이라는 건 소장 사본을 받아서 자기가 소송을 당했다는 걸 알 수 있게 됐다는 뜻인데, 그날부터는 20퍼센트의 이자까지 더해 달라는 거야. 돈을 빌려줄 때 작성한 차용증, 돈이 계좌로부터 이체된 사실이 찍힌 통장사본을 증거로 판사에게 낸다는 것도 적혀 있지.

누구로부터 얼마를 받아 달라는 결론, 왜 그래야 하는지에 대한 이유, 그리고 근거가 모두 들어 있는 거지. 물론 진짜 소장은 이것보다 최소한 백배는 복잡해. 하지만 변호사가 작성하는 이런 문서는 물론이고, 판사가 쓰는 판결문, 검사가 쓰는 공소장도 모두 이와 같은 흐름을 따른단다. 어떤 뜻일까?

수많은 사건을 거치면서 법조인들이 어떤 내용을 주장할 때 가장 효율적인 방법으로 이 방식을 찾았다는 거지. 그러니까 너희도 생활 속에서 응용하면 좋겠지? 결론, 이유, 근거로 기억하렴.

자로 잰 듯 정확하게 표현하기

너희 표정을 보니 어째 충분하지 않은 모양이구나. 그러니까 글 쓰는 방법에 대해 조금 더 자세하게 알려 달라는 거지? 애들아, 아무리 삼촌이 똑똑하다고 해도 뭐든 다 가르쳐 줄 수 있는 건 아니야. 그런 건 국어시간에 공부해야지.

흠, 그렇게 간절하게 쳐다보니 몇 가지 팁을 줘야겠구나. 어디까지나 변호사로서 업무에 필요한 능력이지만 너희가 생활 속에서 응용할 수도 있을 듯싶다. 물론 시나 소설 같은 문학작품을 쓰는 것과는 다르지. 하지만 겪었던 일에 대해 누군가에게 설명할 일은 많을 테니까, 꼭 직업으로 변호사를 선택하지 않고 다른 일을 하더라도 도움이 될 거야.

어떤 사건에 대하여 쓸 때 가장 중요하게 여기는 건 읽는 사람이 정확하게 그 내용을 파악할 수 있도록 하는 거야. 그러려면 대충 재미있다, 싫다는 식으로 뭉뚱그려 감정을 표현해선 안 돼. 있었던 일 자체를 전달해야 하지. 언제, 어느 때, 어디에서, 무슨 일이 있었는지를 설명하는 거야.

시연이가 방과 후 교실에서 방송댄스를 배웠다는 얘기를 해 볼까? '7일 화요일 오후 3시부터 3시 50분까지 같은 학교 5~6학년 8명이 학교 강당에 모여 방과 후 수업으로 방송댄스를 했다.'는 식으로 쓰는 거야. '방과 후 교실'이란 '수업시간이 모두 끝난 뒤에 원하는 학생들이 학교에 남아 정규과목 이외에 신청한 특별한 수업을 듣는 것'이라는 설명도 뒤따라야겠지.

그리고 '방송댄스 수업에서 요즘 한창 유행인 ○○ 걸그룹의 ○○ 음악에 맞춰 춤을 배웠는데, 3명이 1조를 이뤄 빠르게 좌우로 오가면서 추는 게 특징'이라고 덧붙이는 거야. 이처럼 있었던 사실에 대해 충분히 설명을 한 다음 '리듬이 빨라 따라가기 힘들었다거나, 열심히 뛰다 보니 제법 운동이 되었다.'라는 소감을 붙일 수 있겠지.

듣다 보니 어떤 흐름을 찾을 수 있지 않니? 먼저, 어떤 일을 했는지 한두 줄로 요약을 했잖아. 그 다음 요약한 내용 중에서 조금 더 설명이 필요한 단어에 대해 문장을 바꿔 가며 얘기를 이어 가는 거지. 전체 글 중 가장 강조해야 할 부분에 대해서 더욱 자세하게 설명하는 거야.

폭행사건을 예로 들어 볼게. '화가 나서 마구 주먹질을 했다.'는 식으로는 안 돼. '주먹을 쥔 오른손과 왼손으로 번갈아 가며 피해자의 복부를 각각 한 차례씩 강하게 때리고, 다시 오른발로 피해자의 왼

디테일이 생명이지.

쪽 무릎 위 허벅지 부분을 한 차례 걷어차서 넘어뜨렸다.'는 식으로 쓰는 거야.

글을 읽는 사람의 머릿속에 그 장면이 생생하게 그려질 수 있도록 말이지. 문학작품에서처럼 그 순간의 느낌을 비유법 같은 걸 동원해 쓰는 게 아니란 점에 주의해야 해. '나비처럼 날아 벌처럼 쏘았다.'라고 하면 듣기엔 그럴싸할지 몰라도 실제로 무슨 일이 있었는지는 알 수 없잖아.

자기가 겪었던 일, 주장하고 싶은 내용을 정확하게 전달하는 건 사회에서 다른 사람들과 어울려 살아가는 데 꼭 필요한 능력이야. 법이란 사람들 사이의 약속이라고 했잖아. 약속을 하기 위해서라도 각자 원하는 바를 서로 정확하게 알아야 하지. 그런 면에서 법률에 관해 배운다는 것은 의사소통 방법을 공부하는 것이기도 해.

이정표 세우며 글 읽기

거꾸로 남의 생각을 읽을 때, 그러니까 책이나 긴 글을 읽을 때는 어떻게 할까? 변호사는 서류 더미에 묻혀 사는 게 일이라고 했잖아. 너희도 학생이니까 책 읽는 게 업무인 셈이야.

삼촌은 어렸을 때 책을 참 좋아했어. 추리소설이나 공상과학소설

을 특히 좋아했지. 책에 빠져 있다 보면 시간이 어떻게 흐르는지 모를 지경이었어. 그런 책들은 줄거리가 있어서 무슨 내용인지 따라가기만 하면 되니까 읽기가 쉬웠어.

하지만 교과서처럼 지식을 전달하는 책들은 그렇지 않아. 게다가 외워야 할 것도 많으니까 좀처럼 책 읽는다는 기분이 들지 않을 거야. 때로는 재미있는 이야기조차 교과서에 실리면 어쩐지 읽기 싫지 않던? 사람 마음이 다 그래. 그런 책들은 그냥 순서대로 막무가내로 따라가며 읽기보다, 어느 부분을 왜 읽고 있는지 생각하면서 보는 게 필요해.

책에는 대부분 앞부분에 목차가 있지. 목차는 어딘가로 향할 때 쓰는 약도와 같은 거야. 너희가 각자의 집에서 삼촌 집까지 오는 큰길을 그려 놓은 것과 비슷하다고 보면 돼. 어디 어디를 들러서 왼쪽, 오른쪽으로 꺾어 가다 보면 삼촌이 있는 곳에 도착한다, 이렇게 말이지.

책 본문에는 길을 걸으면서 마주치는 것들을 자세하게 적어 놓았다고 보면 돼. 그래, 마침 시연이가 사회 교과서를 가지고 있구나. 어디 보자. 〈우리가 살고 있는 대한민국의 국토에 관해서〉를 시작으로, 〈환경과 조화를 이루는 방법〉, 그 다음이 〈우리 경제는 어떻게 성장하고 발전해 왔을까〉를 알려 주는구나.

이 목차를 보면 앞으로 어떤 것들을 공부하게 될지 순서대로 짐작이 가지 않니? 이런, 삼촌만 되는 거냐? 혹시 안 되더라도 실망하지 마. 삼촌이 멋지긴 해도 특별한 사람은 결코 아니니까. 오랫동안 연습을 하다 보면 누구든 자연스레 몸에 배게 할 수 있거든.

목차를 머릿속에 집어넣은 다음 책을 펼치면 각 장마다 제목들이 나오지. 목차에서 봤던 큰 제목도 있고, 그보다 작은 제목들도 있고 말이야. 이런 제목들은 길을 가면서 만나는 이정표와 같아. 혹은 큰 건물에 붙어 있는 간판 같은 거지.

목차로 약도를 익혔다면, 실제로 어디쯤 가고 있는지를 확인시켜 주는 것이 제목인 거야. 제목들을 어떻게 짓는지 아니? 책을 만드는 사람들이 그 부분에서 가장 중요하다고 생각하는 핵심 단어를 뽑아서 만드는 거야. 이렇게 큰길과 이정표를 꼭 살펴 가면서 읽어야 길을 잃지 않고 책을 읽을 수 있어.

너희가 읽는 책들은 아직까지 양이 그렇게 많지는 않아. 그래서 목차와 제목을 확인하며 읽는 것이 꼭 필요한가 싶을 수도 있지. 하지만 삼촌이 보는 책 중에는 2000페이지가 넘는 것도 있어. 저기 책장에 꽂혀 있는 것들을 봐. 어떤 건 베개만 하잖아.

그런 책들은 다짜고짜 읽기 시작하면 내용들이 머릿속에서 뒤죽박죽이 돼 버려. 전체 내용을 알기도 어렵고 기억하기는 더 어렵지.

그래서 길과 이정표를 활용하는 방법을 쓰는 거야.

너희가 공부하는 책도 삼촌이 가르쳐 준 방법을 쓰면 훨씬 효과적으로 볼 수 있어. 우리가 생각을 하는 동안 뇌 속에서는 뉴런이라는 신경세포들이 끊임없이 만들어지거든. 뉴런들이 가지런한 밧줄처럼 엮이면, 웬만해서는 잊어 먹기 어려울 정도로 머릿속에 콕 자리를 잡는단다.

가랑비에 옷 젖듯이 반복하기

물론 책 읽기가 길과 이정표만으로 되는 일은 아니야. 내용을 읽는 데도 방법이 있단다. 너희가 처음 삼촌 집에 왔을 때를 떠올려 봐. 처음에는 시연이를 따라오느라 길을 봐 둘 겨를이 없었을 거야. 하지만 두 번, 세 번 오고 나서부터는 혼자서도 금세 찾아올 정도가 되지 않던?

그리고 네 번, 다섯 번을 넘어서면서 오고 가는 길 어디에 놀이터가 있고, 무슨 가게가 있는지도 알게 됐을 거야. 누군가는 틀림없이 곧바로 집에 돌아가지 않고 분식집 같은 데서 놀다 가기도 했겠지.

어려운 책을 읽는 것도 딱 그런 식이라고 봐야 해. 어떤 친구들은 공부할 때 첫 페이지, 첫 단어부터 무작정 외우더라. 그런 방법은 절대로, 절대로 안 돼. 외우기도 힘들뿐더러, 많은 내용을 보다 보면 나중엔 어디서 본 내용인지도 잊어버리게 되거든. 앞뒤가 헷갈리면 시험에서 살짝만 내용을 뒤섞어 놔도 도통 알 수가 없단다.

그러니 어려운 책을 읽을 때는 같은 길을 오가듯 처음부터 끝까지 여러 번 반복해서 봐야 해. 중간중간 눈을 감고, 어디쯤 왔는지 머릿속에서 길과 이정표 전체를 되짚어 보는 것도 좋아. 그러다 보면 큰길에서 골목길이 떠오르고, 길옆에는 어떤 건물들이 있었는지, 그 건물들에는 어떤 가게들이 있었는지까지 서서히 머릿속에 자리 잡을 거야.

'가랑비에 옷 젖는다.'라고 하는 얘기 들어 봤니? 조금씩 내리는 비라서 신경을 쓰지 않았는데 어느 순간 보면 온몸이 흠뻑 젖어 있다는 뜻인데, 책 읽기도 이렇게 하는 게 좋다는 거지.

거기에 더해 나만의 이정표를 더하는 것도 좋아. 선생님이 강조해 주시는 부분을 밑줄로 친다거나, 책에는 없지만 내용을 이해하는 데 도움이 될 만한 것은 메모하는 거지. 그러다 보면 나중에는 약도와 이정표만 생각해도 필요한 내용이 자동으로 짠 하고 머릿속에 떠올라. 거짓말 같지? 진짜야!

삼촌은 매일매일 시험을 치르면서 살거든. 판사가 법정에서 변호사 말만 듣고 있지 않는다고 했잖아. 궁금한 게 생기면 그때그때 물어보거든. 그럴 때는 버벅거리지 말고 대답을 하거나, 필요한 증거

자료를 찾아 보여 줘야 해. 엉뚱한 소리를 하면 재판에 좋지 않은 영향을 끼칠 수밖에 없지.

맡고 있는 사건이 1~2개가 아니고, 사건마다 수천 페이지씩의 서류가 있지. 그런데도 그 내용들을 죄다 파악하고 있는 건 삼촌이 가르쳐 준 방법 덕분이야. 처음엔 그렇게 하는 것도 이래저래 신경이 쓰이겠지. 하지만 익숙해지면 자동으로 돼. 가랑비에 옷 젖듯이, 모르는 사이에 몸에 배는 거지.

성취감이 중요해

오! 너희 눈빛이 삼촌에 대한 존경심으로 넘쳐흐르는구나. 하지만 어쩐지 기가 죽어 보이기도 하는걸? 삼촌이 하고 있는 일, 너희에게 가르쳐 준 공부 방법 등이 엄청 대단하기만 하다고 여겨져서일까? 좋아. 중요한 비밀을 하나 가르쳐 줄게.

믿어지지 않겠지만……, 삼촌은 천재가 아니야. 솔직히 너희 또래일 때는 그다지 눈에 띄는 학생도 아니었어. 말썽쟁이는 아니었지만 그렇다고 공부를 아주 잘하는 편도 아니었지. 그런데 어떻게 변호사가 됐을까? 어떻게 하고 싶은 일을 할 수 있었을까?

가르쳐 주고 싶은 진짜 비밀은 이거야. 성취감을 느껴 보는 것! 뭐든 좋으니까 처음부터 끝까지 너 스스로의 힘으로 뭔가를 해내는 거야. 아무리 작은 일이라도 한 번 그렇게 하고 나면 자신감이 생겨. 어려운 일에 부딪힐 때마다 예전에 해냈던 성취감, 거기서 얻은 자신감이 이겨 나갈 수 있는 힘을 줘.

처음부터 대단한 목표를 세울 필요도 없어. 삼촌도 학교 다닐 때 공부가 엄청 싫을 때가 많았거든. 학교로, 학원으로 정해진 시간에 끌려 다니고, 선생님이 내준 숙제도 억지로 겨우 해서 냈지. 때로는 친구 것을 베껴서 내기도 했고, 크크.

그러다가 영어책 하나를 공부해 보기로 마음먹었어. 혼자 힘으로, 학원 범위하고도 상관없이 나만의 계획표에 따라 해 보기로 했지. 물론 미친 듯이 열심히 하진 못했어. 어쩔 땐 하루 20분 정도 겨우 봤을까?

중요한 건 포기하지 않고 조금씩이지만 꾸준히 했다는 거야. 6개월 정도 걸렸던가? 처음부터 끝까지 다 본 뒤 마지막 페이지에 숫자 '1'을 적었어. 한 번 다 봤다는 뜻이었지.

희한하게 뿌듯하고 막 자랑스러운 마음이 들었어. 그래서 한 번 더 보기 시작했지. 두 번째로 책을 모두 보는 데는 절반 정도 시간이 걸렸던 것 같아.

마지막에는 처음부터 끝까지 보는 데 3일이면 충분했고, 마지막 페이지에 숫자 '10'을 적을 수 있었지. 열 번 책을 보는 데 2년 정도

걸렸던 거 같아.

그러는 동안 말이지.

놀랍게도 성적이 조금씩 오르고 있더라고. 영어만이 아니라 거의 모든 과목이 그랬어. 솔직히 그래도 잘 못하는 과목은 있었어.

그렇지만 이런 방법으로 공부한 덕분에 고등학교 성적은 꽤 괜찮은 편이었고, 대학도 그럭저럭 좋은 곳에 들어갔지.

꿈을 키워 로스쿨까지 가서 지금의 일을 하고 있는 거야.

물론 여기가 끝이 아니지. 변호사 일과 관련해서든, 조금 다른 분야에서든 계속 새로운 것들을 배워 나가려고 해.

먼 미래에 삼촌은 뭘 하고 있을까? 그건 비밀이란다! 하하하.

법률은 자신의 권리

오거리 사건의 판결

이제 삼촌이 해 주고 싶었던 얘기들은 거의 다 했구나. 어때 섭섭하지? 야, 좀 섭섭하다고 해 주라, 크크. 그런데 뭔가 찜찜한데? 맞다. 오거리 사건의 결론을 얘기 안 해 줬네. 원래 너희가 오자마자 들려주려고 했는데 커피에 감동 받아 깜빡했지 뭐니.

그렇다고 어떻게 한 녀석도 물어보지를 않냐? 이제 와서 갑자기 궁금했던 척하지 말고! 결론은……, 무죄 판결을 받았단다! 지난 금요일 오전에 열린 재판에서 판사가 무죄를 선고했어! 검사가 제출한 증거들만으로는 유죄라는 확신을 가질 수 없다고 했지.

변론주의의 무거움

범인으로 몰렸던 청년은 바로 그날 오후에 구치소에서 6개월 만에 풀려났어. 그러고는 어머니와 함께 나를 찾아왔더라. 어머니가 어찌나 우시던지 내 마음까지 아팠다니까.

나에게 고마운 마음도 있으셨겠지만, 아들이 억울하게 옥살이를 한 게 너무 서러워서도 눈물이 나셨을 거야. 죄를 짓지도 않았는데 힘든 시간을 보냈으니까.

이런 경우 국가의 잘못으로 엉뚱한 사람을 가둬 뒀으니까, 어느 정도 손해배상을 해 주기는 해. 하지만 돈으로 모든 아픔을 씻을 수는 없지.

이 사건의 경우엔 피고인의 잘못도 있긴 했어. 수사가 자기에게 불리하게 돌아간다고 생각하고는 자포자기해 버렸으니까. 죄도 짓지 않았는데 잘못을 한 것처럼 자백을 했잖아. 아무리 형사가 무섭게 말을 한다고 해도 그런 짓을 하면 안 되는데 말이야.

운이 좋아 삼촌을 만났기 망정이지, 그렇지 않았으면 꼼짝없이 15년 동안 감옥에 있을 뻔했어. 얼마나 바보 같은 일인지 생각할수록 화가 난단다. 스스로를 소중하게 여기지 못하고 쉽게 자기 권리를 포기해선 안 되는 거야.

기억해 두렴. 법률은 권리 위에 잠자는 자를 보호하지 않아. 원하는 일이 있을 때면 스스로 적극적으로 나서야 한다는 뜻이야. 국가가 알아서 해 주기를 기다려 봤자 소용없다는 것이기도 하지. 이건 삼촌이 지어낸 말이 아니야. 현대 법률이 원칙으로 삼고 있는 법언이지.

너희와 얘기하면서 변론주의라는 말을 여러 번 썼잖아. 어떤 사실에 대해 주장을 하고 증거를 내는 건 각자의 몫이라는 거지. 법원은

그 주장과 증거의 범위 안에서만 어느 쪽이 옳은지 판단하는 것이 원칙이야.

쉬운 예를 들어 줄게. 시연이가 삼촌한테 1만 원 받을 게 있다면서 법원에 소송을 냈어. 그런데 판사가 서류를 검토해 보니까 실제 받을 수 있는 돈은 2만 원이었던 거야. 판결을 어떻게 내릴까? 삼촌에게 1만 원을 주라고 할 거야. 왜일까? 시연이가 1만 원만 달라고 했기 때문이지.

그게 바로 변론주의야. 자기가 원하는 만큼만 들어주겠다는 거지. 권리가 있더라도 포기할 수 있다는 것이고, 포기할 수 있는 것 역시 권리로 보는 거야. 본인이 가만히 있겠다는데 굳이 법원이 억지로 해 주지 않는 거지.

몰라서 그럴 수도 있지 않겠냐고? '법률의 부지는 용서 받지 못한다.'라는 말도 있단다. 죄를 지었는데 몰랐다는 이유로 봐주지 않는다는 거야. 너무하는 거 아니냐고? 아니야. 잘 모르겠으면 열심히 찾아보기라도 해야지.

변호사가 있는 이유가 뭐겠어. 그런 사람에게 도움을 주기 위해서잖아. 미심쩍은 일이 있는데 전문가에게 물어보지도 않고 멋대로 하는 바람에 죄를 지었다면 용서 받지 못하는 거지.

변론주의와 민주주의

여전히 불만스러운 표정이구나. 그런데 말이야. 너희도 부모님에게 반항하면서 그런 말 하지 않니? "알아서 할 테니 내버려 두라고요!"라고. 삼촌도 많이 그랬거든. 변론주의라는 게 바로 그런 거야. 알아서 할 수 있게 해 준다는 거지. 대신 책임도 그만큼 져야 한다는 거야.

그리고 그건 민주주의와도 통해. 예전엔 왕이 알아서 다 해 줬지. 국민이라는 말 대신 백성이라고 부르면서 아이 다루듯 했던 거야. 대신 백성도 부모를 대하듯 왕을 섬겨야 했지. 그나마 훌륭한 왕이

라면 괜찮았을 수도 있어.

 하지만 제멋대로인 왕들은 제멋대로 국민을 대하기 일쑤였지. 그래서 사람들은 이제 더 이상 왕이 지배하는 나라를 인정하지 않아. 모두가 나라의 주인인 민주주의 제도를 선택했지. 이제 국민 모두가 어른인 거야.

 어른으로 인정받기 위해서는 자기 일은 자기가 알아서 해야 해. 자유와 권리는 그냥 얻을 수 있는 게 아니거든. 대신 처음부터 그런 일을 알아서 하기는 어려우니까, 법률과 제도를 만들어 둔 거지. 법률로 정해 놓은 권리와 의무를 다하다 보면 자연스레 주인으로 살아갈 수 있게끔 말이지. 그리고 그런 일에 도움을 주는 존재 중 하나가 변호사야.

 와, 말하다 보니 새삼스레 내가 하는 일에 자부심을 갖게 되는구나, 크크. 기분도 좋아졌으니까 약속대로 아이스크림 쏘마. 오늘은 다 같이 아이스크림 가게에 가서 먹도록 하자!

닫는 글

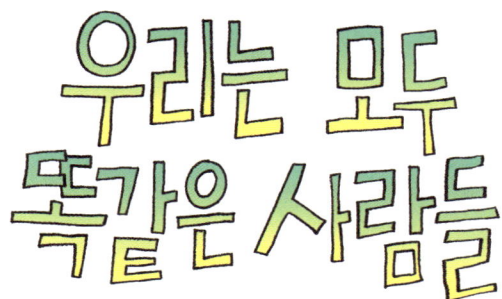
우리는 모두 똑같은 사람들

뭐야! 다 같이 아이스크림 먹으러 가자고 해 놓고, 삼촌은 의뢰인 전화 받으러 나가더니 아예 사라진 거야?

하긴 이제 너희도 우리 삼촌이 어떤 사람인지 알 만큼 알았으니까 내가 더 이상 삼촌 때문에 미안해 하지 않아도 되겠지? 뭐라고? 삼촌이 열심히 일하는 모습이 멋져 보인다고?

이건 무슨 뜻밖의 부작용이냐. 삼촌이 멋있다는 소리까지 듣게 될 줄이야! 처음 소개할 때 삼촌이 얼마나 지질한지, 정확하게 정의 내려 줬을 텐데 얘들이 왜 이렇게 됐지?

하긴 솔직히 나도 변호사로서의 삼촌 모습을 모두 알고 있지는 않아. 그건 인정! 하지만 너희가 미처 볼 수 없었던 숨은 모습들은 알고 있지.

삼촌이 로스쿨 들어가서 공부하기 힘들다고 우리 엄마에게 얼마나 징징거렸는지 몰라. 변호사 일을 시작하고 나서는 더했어. 재판에서 졌다고 술 먹고 울기까지 했다니까!

다 큰 어른이 하소연한답시고 술에 취해 한 얘기 하고 또 하고, 똑같은 얘기를 몇 번이나 반복하던지. 그러니 멋지기는 개뿔, 내 눈엔 여전히 꼬질꼬질한 삼촌이야.

하긴 언젠가 내가 범죄자를 만나면 무섭지 않느냐고 물었을 때, 삼촌이 그런 얘기를 한 적은 있어. 다 똑같은 사람들인데 무서우면 얼마나 무섭겠냐고 말이야.

범죄자들도 알고 보면 그저 사회에 적응하지 못한, 부족한 사람들인 경우가 많대. 상식이나 법을 잘 몰라 죄를 저지르기도 하고, 죄인 줄 알면서도 스스로를 잘 다스리지 못한 거지.

물론 개중엔 정말 사람이 맞나 싶을 정도로 나쁜 짓을 저지르는 흉악범도 있지만, 대개는 우리랑 처음부터 크게 다른 사람들이 아니라는 거야.

삼촌은 판사, 검사, 변호사처럼 멋져 보이는 일을 하는 사람들도 마찬가지라고 했어. 삼시세끼 맛있는 밥 먹고, 좋아하는 사람들과 행복하게 살고 싶어 하는, 똑같은 사람이라는 거야.

그래서 내가 다시 물었지. 그럼 왜 누구는 범죄자가 되고, 누구는 변호사가 되는 거냐고? 삼촌은 한참을 고민하는 척하더니 이렇게 대답하더라.

편해 보이는 길만 선택하고, 노력하지 않아도 얻을 수 있는 것들만 찾다 보면 결국 범죄를 저지르게 된다고.

사람은 누구나 욕심이 있는데, 일하지 않고 그 욕심을 채울 수 있는 방법은 범죄밖에는 없다는 거야. 그렇기 때문에 꼭 공부가 아니더라도, 하고 싶은 일을 찾아 열심히 해 보려는 노력을 멈추면 안 된다고 했어.

결국 삼촌도 다른 어른들과 똑같은 얘기를 했던 거지. 삼촌 말마따나 다 똑같은 사람들이니까 그런가 봐.

아, 삼촌이 한마디 덧붙이기는 했지. 사람들이 법과 제도를 만든 이유도 열심히 노력하며 사는 사람들이 대접 받는 세상을 만들기 위해서라는 거야.

그리고 세상의 많고 많은 일이 잘 될 수 있도록 다른 사람을 돕는 일이 바로 변호사라는 거야. 규칙을 지키며 노력하는 사람은 성공하도록 돕고, 규칙을 어긴 사람은 벌을 줘서 막도록 하는 일이니까.

삼촌은 그런 생각을 하며 힘든 변호사 일을 이겨 내는 모양이야. 아이스크림 하나도 끝까지 먹지 못할 만큼 바쁜데도 일이라면 바람처럼 뛰어가는 걸 보면 신기하다니까.

삼촌을 소개하고 변호사라는 직업에 대해 알아보는 시간도 이제 끝났네. 흠, 너희에게 여러 가지 법률지식까지 전해 줬던 시간을 돌아보니 왠지 나까지 뿌듯한데?
 삼촌이 얘기한, 다른 사람을 돕는 데서 오는 기쁨이 바로 이런 거군! 그렇더라도 다들 말썽 일으켜서 변호사가 필요하다며, 삼촌을 불러 달라고 날 찾아오지는 말아 줘!

닫는 글 우리는 모두 똑같은 사람들

내가 하고 싶은 일, 변호사

1판 1쇄 발행일 2018년 8월 6일
1판 3쇄 발행일 2022년 10월 24일

지은이 양지열
그린이 송진욱

발행인 김학원
발행처 휴먼어린이
출판등록 제313-2006-000161호(2006년 7월 31일)
주소 (03991) 서울시 마포구 동교로23길 76(연남동)
전화 02-335-4422 **팩스** 02-334-3427
저자·독자 서비스 humanist@humanistbooks.com
홈페이지 www.humanistbooks.com
유튜브 youtube.com/user/humanistma **포스트** post.naver.com/hmcv
페이스북 facebook.com/hmcv2001 **인스타그램** @human_kids
편집 박민영 **디자인** 유주현
용지 화인페이퍼 **인쇄** 삼조인쇄 **제본** 광현

글 ⓒ 양지열, 2018 그림 ⓒ 송진욱, 2018

ISBN 978-89-6591-353-5 73360

- 이 책은 저작권법에 따라 보호받는 저작물이므로 무단 전재와 무단 복제를 금합니다.
- 이 책의 전부 또는 일부를 이용하려면 반드시 저작권자와 휴먼어린이 출판사의 동의를 받아야 합니다.
- **사용 연령 8세 이상** 종이에 베이거나 긁히지 않도록 조심하세요. 책 모서리가 날카로우니 던지거나 떨어뜨리지 마세요.